王樾著

譚嗣同變法思想研究

——從仁學的思想理則析論譚嗣同的變法理論與實踐

臺灣學生書局印行

自序

近年來發表了幾篇有關研究譚嗣同的文章，例如：「衝決網羅與無力回天——略論中國近代知識份子的悲劇性格」、「從仁學的思想理則析論譚嗣同黜儉崇奢之經濟思想」、「晚清思想的批判意識及其與五四反傳統思想之關係——以譚嗣同的變法思想爲例」。這些作品的水準雖未盡理想，但師友們卻給予我許多鼓勵並提供了許多寶貴的批評與建議，激發了我進一步研究的興趣，於是才有這篇論文的嘗試。

在此，我要特別感謝淡江大學中文研究所所長龔鵬程教授。我是個不慣於參加活動，工作步調又比較遲緩的人。自我在淡江大學歷史系任教以來，課業及行政工作相當繁重，如果沒有這位好友的督促與激勵，我可能不會那麼勤於研究工作並參加一些學術會議。此外，在寫作期間，我曾兩度赴大陸訪學，收集相關的資料，對於北京大學、中國社會科學院近史所、哲學所朋友們的協助，也由衷地感謝。

先師傅樂成教授生前常訓勉我，爲學是一串漫長而艱苦的歷程，要沈得住氣，要耐得住寂寞；求學的目的，不在於名利的追逐，而在於自我心靈的啓發與成長，經由價値之自覺，選定自己的人生目標，踏踏實實地自我實踐，不必世俗名利之襯托，生命的莊嚴與意義將自然而然地得以彰顯。這十餘年來，在學問上我雖沒什麼顯著的進步，但樂成師的教誨始終不敢稍忘。這本小書雖微不足道，但畢竟是我近年來刻苦向學的一點成果，我願獻給樂成師，感謝他老人家啓發了我的史學心靈，不懼困窮，一心慕道，對中國的歷史文化，永存一分溫情與敬意……。

一九九〇年春於臺北淡江大學

目錄

第一章 緒 論

譚嗣同（一八六五～一八九八）是促成晚清思想急遽轉變的啓蒙思想家之一，同時，也是一位依據其思想力行實踐，投身於變法維新、救亡保種，最後不惜壯烈犧牲生命的悲劇英雄。

十九世紀九〇年代，是中國近代知識份子危機意識高漲、最激動、最徬徨的時刻之一，也恰是譚嗣同思想逐漸成熟的關鍵期，❶那時適值中日甲午戰敗，德帝強佔膠州灣，瓜分危機，迫在眉睫，在西力強勁衝擊，傳統欲振乏力的雙重困厄下，譚嗣同奮袂而起，抱著救亡與啓蒙的時代使命感❷，將所學、所見、所聞、所思、所感、所盼凝聚淬鍊，寫成了一部《仁學》❸。在實用的意義上，《仁學》是他提倡並從事政治變革的思想依據與辯論武器；就生存與思想互動的角度而論，《仁學》是他基於上述特定的歷史背景下由他個人的存在感受所激發出來的自覺反應與救國對策；就哲學意義而言，《仁學》之提出，代表了中國知識份子在西方強勢文明的挑戰下，在傳統文化面臨解體的危機下，中國知識份子自創一套新哲學體系的企圖與抱負❹，盼能藉此重新安身立命，定國安邦，流露出讀書人的文化悲情與純粹哲學思考的氣息❺；而譚氏最後的可逃拒逃，身殉變法，一方面可說是他人格特質的自然

流露，另一方面也正是仁學思想推演、實踐的必然結果。❻

雖然，對譚嗣同的哲學成就各人評價不同❼，雖然對他的死難論者頗有爭議❽，雖然，他的思想不臻成熟，且含有唯心與唯物的矛盾❾、世界主義與民族主義的衝突、排滿革命與保皇變法的疑惑以及同情基層，贊譽陳涉、吳廣之揭竿起義，但卻又厭惡愚民倡亂的種種糾纏……❿，但他在歷史舞臺上一閃卽逝的狂飆英雄式演出，卻造成震撼，對於中國近代歷史由晚清走向民國具有相當程度的影響。譬如：在政治思想史上，他促成晚清政治思潮拋下洋務論，積極走向變法論，與康有爲共同將變法論推到最高峰⓫；就政治變革的行動來看，譚氏雖是變法論者，但他徘徊於變法與革命之間的論調以及以熱血作論證（殷海光之語）的烈士事迹，使得許多熱血青年在唐才常自立軍失敗以後，紛紛走向革命，可說在救國行動的路線上他隱隱導引了由變法走向革命的新趨向⓬；他對於三綱倫常的批評以及建立平等、自由新倫理的主張，也與日後五四時期反傳統的思想有密切的聯繫；⓭此外，他提出的衝決網羅、心力、日新等觀念及流露出的俠風，對於日後中國青年勇於突破保守性格、打破權威崇拜，冒險進取、尊新崇變，也產生了相當大的影響。⓮

基於上述，筆者認爲，站在中國近代思想史的角度來看，譚嗣同應是一個非常值得作深入研究的對象，尤其是對他的變法思想作有系統的通盤分析，將有助於將他在近代中國思想史上的意義與地位作一適當的闡發與定位。

（按：中國大陸的學者針對譚嗣同所作的研究，據李文海、孔祥吉的收集調查，從一九四九至一九八四止，已多達九十六篇，至今應已超過百篇，雖然各有見地，但不免受限於中共統治階級狹隘的歷史框架，因此，筆者認為有客觀、適當作歷史定位的必要。）

那麼，所謂思想史的角度又是什麼呢？思想史的概念雖含混，但其核心思想，我們仍可借助美國思想史家史華茲（Benjamin I. Schwartz）的說法來作一說明。所謂思想史「就是人類對於他們本身所處環境（Situation）的意識反應（Conscious response）；這些意識反應有時又會反過來指導人類的行爲」⑮。依此定義看來，我們發現思想史所關切的不僅是要探索觀念的歷史（history of idea）——着眼於某些觀念的歷史發展，研究某些觀念如何在不同的時代以不同的面貌出現，從而分析這些觀念之間的衍生關係與邏輯關係以及和其他觀念之間所產生的激盪⑯；更包括人類意識生活的整體。因此思想史之研究必須與整個歷史的發展取得聯繫，包括存在感受、時代背景、社會結構、政治情勢、經濟條件、文化流變……掌握其相互互動、相互影響的密切關係；精簡言之，即必須將思想活動放到歷史處境的架構中去理解。⑰

因此，筆者以爲比較周全的思想史研究態度似爲須將「身處的生存環境」與「意識反應」兼顧，亦即先將研究對象放到他身處的時代脈絡中來觀察分析；再以此爲基礎，進一步析論其思想如何針對生存環境作自覺反應；其反應是否有效？有何限制？然後再將這些思想、反應納入某一觀念發展的歷史中來評比、研究，判定它的價值和意義。

基於此一考慮，筆者欲研究譚嗣同的變法思想，當然應扣緊「生存環境與意識反應」、「抽象思維與具體實踐」、「思想體系與構成體系的基本思想理則」……之間所衍生的關係及影響；因此，筆者謹以「從仁學的思想理則析論譚嗣同的變法理論與實踐」爲主軸，擬對譚氏的變法思想作一有系統的探究。筆者選擇最能代表譚氏思想的著作《仁學》爲核心，一方面剖析譚氏的生存處境與仁學思想的關係，一方面將仁學的思想由內而外展開，逐步查證其系統內部是否有一定的邏輯關聯？其基本的哲學理論爲何？思想理則爲何？如何由抽象的哲學理論，透過時代背景的刺激，而提出現實層面的關懷及解決之道？最後再將之放在晚清歷史思想流變的長流裏，作一評析，來判定其價值、意義以及正、負面的影響。爲便利析論之進行，筆者擬就如下架構：

・存在的悲苦與疑惑——譚嗣同身世、人格、思想淵源之分析

・仁學的思想理則與批判意識

㈠仁學基本理論之分析——「仁一元論」的建立。

㈡仁學的思想理則：「仁——通——日新——平等」。

㈢仁學的道德理想與批判意識——心力與衝決網羅

・譚嗣同變法思想之剖析——現實關懷及對傳統的反省

㈠譚嗣同政治思想之剖析

㈡譚嗣同經濟思想之剖析

㈢譚嗣同社會倫理思想之剖析

・譚嗣同變法策略之分析

㈠從「華夏之道不可變」到「法之當變」

㈡譚嗣同的變法策略與實踐

・譚嗣同在晚清思想史上的意義及影響

㈠譚嗣同在晚清思想史上的意義

㈡譚嗣同變法思想對後世的影響

現依此架構，逐層加以析論。

附註

❶ 十九世紀九十年代確實是晚清知識份子最激動的時刻之一，引發危機意識高漲的主要的關鍵性歷史事件是一八九四年中日甲午戰爭的挫敗。經過三十年由統治階層帶動的洋務運動，滿清仍然沒有達到預期富強的目標，不僅無力抗拒西方列強，甚且被昔日藩屬東亞小國日本所敗。甲午喪師辱國，對國人所造成的屈辱感似乎比鴉片戰爭更嚴重，因而在屈辱中痛加檢討，依據當時面臨的時代危機，嘗試從異於往昔的角度來找尋國家求生存的途徑，有志之士，幡然改圖，認爲僅限於器物層面革新，標榜船堅礮利的洋務運動，並非根本救國之道，同時意識到西方政教制度的優越所在及其背後支撐的學術思想，他們屢屢以明治維新之成功來激奮中國發憤，希望能在制度層次上革新，來達到救黃種於一線之目標。知識界的激動、奮發，我們可由康梁帶領的公車上書、甲午戰後報紙、學會之林立窺見一斑。而康有爲所領導的變法運動，多次上書均無效果，但最後終能於一八九八年達到最高潮，固然有許多其他相關的因素，但十九世紀九十年代的民族危機感與知識界人心激越、思變確爲極重要的支撐條件。而晚清的政治思想史也可說以九〇年代爲一分水嶺，逐漸由變法論取代洋務論。因此，我們說十九世紀九〇年代是中國近代知識份子最激動最徬徨的時代之一。至於譚嗣同，就其成長歷程而言，也正是他的思想由保守變爲激進的轉變時刻。他在二十歲所作的「治言」，還抱著強烈的漢族文化優越感，認爲華夏之道不可變，然而和他在

三十歲以後的各種言論激烈的著述來比較，卽可看出其中一百八十度的大轉變。而甲午戰敗正是關鍵所在。他在「上歐陽瓣薑書」中云：「平日於中外事雖稍稍究心，終不能得其要領。經此創鉅痛深，乃始摒棄一切，專精致思。……詳考數十年之世變，……因有見於大化之所趨，風氣之所溺，非守文因舊所能挽回者，不恤首發大難，畫此盡變西法之策，而變法又適所以復古。」在「報貝元徵書中」云：「……所謂道，非空言而已，必有所麗而後見。……衡陽王子……曰：道者器之道，……無其道則無其器，……苟有其器矣，豈患無道在？……無其器則無其道。……故道，用也；器，體也，體立而用行，器存而道不亡」。這些言論一方面可說明他從保守變爲激進的轉變，另一方面如「變法復古」、「器體道用」等觀念，係構成他日後變法思想的主要推動力，也同時是仁學的部份重要內容。因此，十九世紀九〇年代也正是譚嗣同思想轉變的關鍵期。許多學者在析論譚氏思想的成長背景常遠溯到鴉片戰爭，此一追溯雖無不當，但似嫌籠統，因爲它適用於任何一位近代史人物。李澤厚認爲分析譚氏思想的時代背景應以十九世紀九〇年代爲重心，此一看法，非常正確（參見李澤厚、譚嗣同研究，《中國近代思想史論》頁一八三，北京，新華，一九七九年初版）。

❷ 所謂「救亡」，就是要挽救中國危亡，保國保種，如譚嗣同在甲午之後於瀏陽興算，在長沙成立南學會，就是爲了作「善亡」之準備；所謂「啓蒙」，則是要在中西文化、現代與傳統的激盪中摸索，找尋中國文化、思想的新出路，具體的努力目標包括翻譯西書、追求新知、創辦學會、報紙，開辦新式學堂……。知識份子要肩負「救亡與啓蒙」的雙重使命，事實上從晚淸一直延伸至五四時期。

❸ 《仁學》寫作的時間爲從光緒二十二年七月到十二月間（西元一八九六年八月到一八九七年一月），前後花了五個月時間，草稿完成後，又攜去上海與梁啓超討論，一月後再定稿，全文五萬餘言。當時譚嗣同在南京以候補知府資格候缺，親睹官場黑暗，如鳥獸囚於牢籠，敗舟困於怒

濤，心靈徬徨，又憤於時局無所寄托，乃與楊文會遊，學習佛學，調節自我，鍛鍊心靈，思想爲之一變；又常往上海與辦時務報的梁啓超、汪康年商討學術及天下大事，以瞭解時勢。此時，康有爲已寫就《新學僞經考》、《孔子改制考》，梁啓超也寫就《變法通疏》、《西學書目表》等書，鼓吹變法已蔚爲時代主流；而嚴復所譯之《天演論》，已於光緒二十二年譯成，翌年起於國聞報刊載，呈現國人眼前，一時達爾文物競天擇之說，在學術界大爲轟動，在上述種種風潮刺激下，譚嗣同的思想更是日新又新，猛進不已，於是振筆疾書，完成《仁學》乙書。

❹ 梁啓超認爲《仁學》是部融會佛學、西學、國學的哲學著作，其目的在於發大心願，救中國，進而救全世界人類，梁啓超有云：「仁學爲何而作也？將以會通世界聖哲之心法，以救全世界之衆生也。南海之教學曰：『以求仁爲宗旨，以有大同爲條理，以救中國爲下手，以殺身破家爲究竟。』仁學者，即發揮此語之書也。」（見譚嗣同全集，頁五一五，梁啓超，仁學序）。又如，李澤厚則指出，譚嗣同企圖以佛學唯識論爲基礎，融合古今中外思想來建造適應當時鬪爭需要的新體系，雖然充滿矛盾與混亂，但確實展現出自創新哲學體系的企圖與嘗試。而這番自創哲學新體系的抱負，後來由章太炎完成。主要原因之一是譚氏去世太早，不及完成成熟的思想體系。
（參見李澤厚、譚嗣同研究，中國近代思想史論，頁一九五）。

❺ 雖然譚嗣同的哲學思想體系不夠嚴謹，思想也未臻成熟，但卻享有不錯的評價，不少治思想史的學者認爲譚氏思想頗具純哲學思維的氣味，其人也具備哲學家的氣質。例如李澤厚認爲，「譚嗣同大概是中國近代最富哲學氣質的思想家之一（見李著，譚嗣同研究），又如郭湛波以爲譚氏的政治活動，雖甚耀眼，但一生的成就，卻以哲學成就最大（見郭著，《近代中國思想史》，第四篇，頁七十二，香港，龍門，一九七三年初版）。

❻ 關於譚氏身殉變法可說是他人格之自然展現及仁學思想推演的必然結果，請容於後面章節詳細分析。此外，亦可參閱張灝，《烈士精神與批判意識——譚嗣同思想的分析》頁一〇七—一〇八。

聯經，民國七十七年初版。

⑦ 有關對譚嗣同哲學成就的評價，常有極端的看法，推崇者如梁啓超，將他譽爲「晚清思想界的慧星」，認爲「僅留此《仁學》區區一卷，吐萬丈光芒，一瞥而逝，而掃蕩廓清之力莫與京焉。」（見梁啓超，仁學序）。又說：「《仁學》一書，以公於天下，爲法之燈，爲衆生眼。」（見梁啓超，《清代學術概論》，頁一五〇，啓業，六十一年十二月）。又如熊十力云：「自清季以來眞人物，唯復生一人足當之而已。」（見熊十力，《讀經示要》，卷二，頁一四九）。廣文，四十九年五月。又如馮友蘭云：「譚嗣同在經學方面雖不及康有爲之煊赫有建樹，而在思想方面，則所著仁學發揮大同之義較康有爲精密。……譚嗣同之思想……其中雖不免有不能融貫之處，然要不失爲其時思想界之一最高代表也。」（見馮友蘭，《中國哲學史》，頁一〇二一—一〇二二）。但是持反面批評的則認爲蕪雜、混亂，不知所云，如章太炎云：「《仁學》拉雜失倫，如同夢寐。」（見章太炎，《人無我論》，「怪其雜揉，不甚許也。」）見章太炎，《自編年譜》）。

⑧ 關於譚氏之死難，向來亦有「死事」與「死君」的爭議。讚譽或同情譚嗣同身殉變法的學者比較偏向於「死事」的解釋，如楊一峰認爲，譚氏之死難乃「其心力至高之呈露」，是「殉主張」或「酬皇帝的知遇」，不可謂其心迹相違。他說：「（譚嗣同）之一死，乃其心力至高之呈露；謂爲殉主張固可，謂爲酬皇帝的知遇亦無不可。謂他出處不愼，『幾於不智』則可；謂他不當殉其主張或酬答皇帝知遇，以致心迹相違，則不可。因爲……失敗卽一跑了事，在他卽認爲……幾於不仁，……死與不仁，二者必選擇其一，他只好選擇一死以成仁了」。（見楊一峯著，《譚嗣同》，頁七，中央文物供應社，民國四十八年三月）。蕭一山以爲：「然譚嗣同固俠士，橫刀笑天，慷慨赴死，猶足徵中國捨生取義之精神。」（見蕭一山，《清代通史》第四册，頁一八五六。商務，民國五二年臺一版）。左舜生以爲：「……他這是死事，而不是普通所謂盡節或盡忠。……政變中康梁出走而嗣同死。康梁出走是嗣同所造成的，他自己可走而不走，便是任俠精神的發揮，

也是湖南人性格的表現！」（見左舜生，《譚嗣同評傳》下，藝文誌，期廿九，頁二一）。對譚氏之死有譏評的學者，主要針對譚氏生前所言：「只有死事之理，絕無死君之理。」來印證其行爲而提出質疑。如錢穆云：「豈君臣知遇之感，亦終不能自解，故臨時慷慨而出此耶」？「復生果以旬日知遇，遽忘其兩千載君主之慘毒，三百年滿廷之酷烈，竟自沒齒效忠，稱聖天子如常俗矣。然則復生之死，以仁學所謂衝決網羅毀滅君臣父子之倫常言之，不將爲無意義之徒死乎？」「譚氏之持論，譚氏亦自違抗之。」（見錢穆，《中國近三百年學術史》，下冊，頁六七七—六七八，商務，民國四十六年）。

⑨

譚嗣同的思想究竟是屬於唯物主義，還是唯心主義？一直是史學界及哲學界主要爭論的問題。依據李文海、孔祥吉所作的綜合調查、分析，他們指出，中國大陸的學者從五、六十年代即已展開這項爭論，大體有三種觀點：其一、認爲譚嗣同的思想屬於唯物主義陣營：採取這種觀點的學者認爲，譚嗣同就像十八世紀西方的唯物論者一樣，堅持泛神論，反對有神論，堅持以物質性的「以太」作爲世界本源，反對唯心主義的世界本源說，在認識論上也堅持唯物的反映論。例如：楊正典的《譚嗣同早期思想研究》即持此種觀點。其二、認爲譚嗣同的思想屬於唯心主義的陣營：例如：張玉田的《譚嗣同哲學思想的唯心主義實質》認爲，譚嗣同的思想是「徹頭徹尾的唯心主義」。又如侯外廬主編的《中國近代哲學史》及孫長江的《譚嗣同是唯物主義者嗎？》都認爲譚嗣同的「以太」是一種神秘的精神實體，同時又把人的認識歸源於大腦，在認識秩序上則強調先知後行，因此，應該把他歸於唯心主義陣營。其三、認爲譚嗣同思想中既有唯物的成分，又有唯心的成份；既有辨證的觀念，又有形而上學的因素，應該一分爲二地看待譚氏的思想。例如李澤厚的《中國近代思想史論》中主張，譚嗣同的「以太」，並不是什麼「精神性的概念」，基本上是一個物質性的概念，但其中確有夾雜著唯心主義的觀點。上述這三種意見的爭論，焦點集中在對於譚嗣同所說的「以太」，到底應作如何的解釋。持第一種觀點的文章，把「以太」看作是「高度抽象的物質概念」，而「以太」又是譚氏哲學思想的基本範疇，因此主張譚嗣同是唯物主義者；持第二種觀點的文章，把「以太」的本質視作精神的體現，因此把譚嗣同判定爲唯心主義者。目前此一爭論仍在繼續進行。（以上參閱李文海、孔祥吉合編《中國史專題討論叢書——戊戌變法》，頁四十八—四十九，巴蜀書社，一八八六年十一月）。事實上，學界除上述看法之外，還有一些其他的觀點亦很有見地，例如：日本京都大學的教授小野川秀美認爲，至於譚嗣同思想是唯物或唯心，實不必當作問題來討論。小野川敎授所持的理由是，表面上看譚嗣同承認心力有絕對權威的想法與他對道器之辯的見解是相矛盾的，但譚嗣同的目標在於致力中國的復興以及救濟人類。救人、救國的根本在於政治革新與提倡科學，而心力是促使實現政治革新的原動力；而提倡並發展科學，必須從卑近而後始能達高尙（亦卽從物質基礎著手逐層達於精神境界），所以，在實際救國、救人的實踐行動中，心力與道德之辯，並不會互相矛盾，可以同時並立，可以說兩者皆以革新爲軸而互相補救。（參見小野川秀美原著，林明德、黃福慶合譯，《晚淸政治思想研究》第四章「譚嗣同的變革論——其形成過程」，頁一八四，時報，民國七十一年五月）。此外，又如李澤厚在處理唯心唯物之爭後說：「我以爲與其憑幾個公式去爭論譚嗣同到底是唯物主義還是唯心主義，還不如具體研究問題，深入揭露和分析矛盾，論證譚嗣同的思想各方面如何具體聯繫……，如何旣矛盾又統一，以展開問題的全部複雜豐富的性質，並歷史地……評價他那「以太——仁——通——平等」的……思想主線」：（參見李著，《中國近代思想史論》頁二四八）李澤厚這種掌握思想主線，不做形式之爭，擺脫政治框架，具體研究問題，析論並展開譚氏思想的豐富、複雜面及其相互關係之主張，與筆者的觀念、態度十分吻合。筆者研究的結果認爲：譚氏哲學思想的基本理論係基於「仁——通——日新——平等」此一思想理則所建立而成的「仁一元論」；不僅是一本體架構而已，同時也代表一種道德理想。他所謂的「以太」，並非僅限於純粹的物質，而是兼具質體和力的觀念，是一種相當類似於中國傳統哲學中的「氣」的觀念，是一種具有生命、有精神性的質體。在十九世紀九〇年代他企圖借當時物理學上的新名詞「以太」來建構他的學說，來說明「天地萬物人我一體」的理念，他企圖並努力提昇「以太」的精神性，但又擺脫不了「以太」的物質性，因而有唯心、唯物的爭論，其矛盾適足以反映西學傳入中國的時代性。詳細析論請參閱本論文第四章：「仁學的思想理則與批判意識」）。

⑯ 關於譚嗣同的政治思想，史學界亦有兩種不同的意見。第一種意見認為，譚嗣同雖然對封建主義進行了猛烈的批評，但同時其思想中又具頗濃厚的封建性；雖有一定的反清思想，但又有強烈的忠君觀念。總體看來，他的政治思想並沒有逸出改良主義路線的軌道。例如：王栻在《維新運動史》中指出，一直到譚嗣同以身殉變法維新，沒有一個材料可以說明譚嗣同在行動上已經是一個革命者，他只是參加了改良主義的政治活動，在他思想上和行動上存在著明顯的矛盾。又如：司綏延在《戊戌改良主義運動》中認為，譚嗣同的鮮血並沒有灑在民衆中間，而是為皇帝殉道。又如：孫長江、張立文的《論譚嗣同》也認為，譚氏雖英勇地批判封建專制制度，揭露帝國主義強盜面目，但最後卻選擇了改良主義的道路，他的政治實踐與政治言論發生了尖銳的矛盾，而歷史竟如此戲弄人，一個激烈的反專制鬪士，最後竟成為保皇黨，一個溫和的改良主義運動，竟然以烈士般的流血而告終。另一種意見則認為，譚嗣同的思想中包含了民主主義的觀點和反清革命思想，實際上確已超越了改良主義的範圍。例如：郁潭洲的《譚嗣同傳論》認為，譚嗣同的民主主義和反清革命思想，主要表現在他對法國大革命的讚同，對中國農民起義的同情，以及對滿洲異族統治的控訴。這些方面已超越了改良主義的範圍，而一定程度的對後來辛亥革命產生導引的作用。又如：王俊義在《論譚嗣同的改革獻身精神》中認為，譚氏在改革實踐與思想理論方面都具有激進的特點，同時還把批判專制與反清思想加以結合，在進行改良的同時，也存著進行革命的思想準備。（以上參見李文海、孔祥吉《戊戌變法》㈤、對於幾個主要歷史人物的評價、譚嗣同，頁四九—五〇）。筆者在這一爭議上，較傾向第二者看法，不過，在採此一觀點的同時，也

對譚氏為何有上述矛盾提出解釋，詳細分析請參閱本論文第四章：「譚嗣同變法思想之剖析」。

⑪ 譚氏即使不受康有為影響，依其思想特質之發展也必然走向變法論的道路，不僅變法思想自成系統，而且態度遠較常人顯得迫切，主要的依據是《仁學》，「上歐陽中鵠書之二」及「報貝元徵書」中揭示的變法思想，尤其上述兩封書信，在寫作的年代上看來，譚氏尙未與康、梁有密切的交往，思想係獨自發展的狀態。而其中「變法復古論」、「器體道用說」、「仁——通——日新——平等」、「衝決網羅」、「心力」……等速變、全變的激進主張，確實是主張緩進的晚清變法思想中少見的案例。

⑫ 如果說譚嗣同徘徊於變法與革命之間的政治思想是晚清政治思想史從變法走向革命的過渡，那麼唐才常所領導的旣勤王又革命的自立軍起義，亦可比為晚清救國之士從維新走向革命的分水嶺。李澤厚認為：「好些論文經常貶低自立軍運動，把它簡單地說成戊戌變法的尾聲。其實，它並不是改良主義的尾聲，而倒是革命鬭爭的序幕；它不是終點，而恰恰是起點。自立軍運動及其失敗是使兩湖地區革命化的（關鍵）」。（見李著，《中國近代思想史論》頁二九二——二九三）。關於自立軍的問題，臺大歷史系李守孔教授著有《唐才常與自立軍》一專書中析論甚詳。請參閱李守孔著，《唐才常與自立軍》，中國現代史叢刊㈥，文星，民國五十三年。小野川秀美也有這方面的討論（見「義和團時期的勤王與革命」，載於《晚清政治思想研究》）。

⑬ 請參閱拙文：「晚清思想的批判意識對五四反傳統思想的影響——以譚嗣同的變法思想為例」。民國七十八年五月，於古典文學研究會舉辦「紀念五四七十週年學術研討會」發表。該篇論文後收錄於《海峽兩岸紀念五四研討會論文集》，學生，民國七十九年二月。

⑭ 請參閱拙文：「危機意識與擔當精神——章太炎儒俠觀之分析」。一九八九年四月於香港大學主辦「章太炎・黃季剛國際學術研討會」中發表。

⑮ 參見史華慈撰，張永堂譯：「關於中國思想史的若干基本考查」，幼獅月刊，第三十九卷第四

期，頁十九：廿五。

⑯ 參見張灝：《烈士精神與批判意識——譚嗣同思想的分析》頁三。

⑰ 參見史華慈撰，林載爵譯：「政治史與思想史短辯」。載黃進興、康樂等合著《歷史與社會科學》，頁八六。華世，民國七十年十二月。

第二章 存在的悲苦與疑惑

——譚嗣同身世、人格、思想淵源之分析

第一節 特殊的性格、駁雜的思想

譚嗣同的一生充滿了存在的悲苦與疑惑，最後他終於歷經磨鍊，找尋到他認爲有意義的人生價值，並全力實踐，得其所哉。由於十九世紀後半葉（尤其是九〇年代）中國傳統政治、社會、歷史、文化無力有效因應時代急遽變遷之刺激，其內心產生出一股深刻的危機意識❶，進而從危機意識出發：一方面在能力所及之範圍內盡力瞭解西方，一方面沈痛反省傳統，並掘挖傳統中適於現實需要的理念、思想，企圖以不中不西、亦中亦西的學術思想❷，建立一套新的思想體系，並據此爲基礎，展開現實層面的改革行動，盼能恪盡當時知識份子救亡與啓蒙的雙重時代使命。他的身殉變法，不僅是救世的行爲，同時也是他人生目標的自我完成。

譚嗣同一生最重要的著作，首推《仁學》。《仁學》的思想來源非常駁雜，譚嗣同曾自述其思想的淵源，他說：

「凡為仁學者，於佛書當通華嚴及心宗、相宗之書，於西書當通新約及算學、格致、社會學之書，於中國當通易、春秋公羊傳、論語、禮記、孟子、莊子、墨子、史記及陶淵明、周茂叔、張橫渠、陸子靜、王陽明、王船山、黃黎洲之書，」❸

上述這些學術思想是在什麼機緣下，進入譚嗣同的知識領域？而這些思想造成譚嗣同怎麼樣的轉變？這些來源不同，甚至部份觀念截然不同的思想，又是如何調合、如何引發譚氏的思考並進一步以之爲基礎，成爲《仁學》的重要思想依據？筆者以爲實有必要將此一問題，放在譚嗣同的心路成長歷程中來觀察、分析，將會提供我們比較清晰的理解。

另外，譚嗣同的變法思想與政治參與（實践行動），除與《仁學》有密切的聯繫之外，亦與他特殊性格有極重要的關聯。他的性格又有那些特性呢？他的性格是既浪漫又嚴肅、既狂放又細膩、既實際又玄想多方面的綜合，且帶有悲劇性的色彩，可能源於他一生的成長歷程，充滿了存在的悲苦與對人生的疑惑（這點將在第二節詳細析論）。譚嗣同在一些與師友的書信及相處中，曾多次有意無意的流露出其性格的特殊面。他曾對自己的人格特質，作過如下幾段自我分析，有時他認爲自己爲一縱放不拘，不惜生命，無所不敢的人：

「嗣同，縱人也，志在超出此地球，視地球如掌上，視此軀曾蟻虱千萬分之一不若。」❹

有時，他自認爲自己具有愈挫愈奮、愈扣愈鳴的頑強、對抗、叛逆的性格：

「（請勿以強力）相壓，嗣同……一如輕氣球，壓之則彌漲，且陟漲矣」。❺

有時，他亦頗有自知之明，指出自己喜好新奇，性情急躁，缺乏耐性的缺點：

「嗣同之紛擾，殆坐欲新而卒不能新，其故由性急而又不樂小成。」❻

他又自認爲具有樂意捨己爲人，爲羣造福的優點：

「……輕其生命，以為塊然軀殼，除利人之外，復何足惜？」❼

此外，他對自己精通武藝，善騎射，冒險犯難，膽氣過人而頗自豪：

「嗣同顧好弄，不喜書。」❽

「嗣同幼嫻技擊，身手尚便，長弄弧矢，尤樂馳騁。往客河西，嘗於隆冬朔雪，挾一騎兵，閒道疾馳，凡七晝夜，行千六百里。巖谷阻深，都無人迹，載飢載渴，斧冰作糜。比達，髀肉狼籍，濡染褌襠。此同輩所目駭神戰，而嗣同殊不覺。」❾

然而，在以俠氣自豪的同時，又感到除一身俠骨外，又深懷多少柔情：

「曾經滄海，又來沙漠，四千里外關河，……回首十八年過。……對春帆細雨，獨自吟哦，……拔劍欲高歌，有幾根俠骨，禁得揉搓？忽說此人是我，睜眼細瞧科」。⑩

而這份柔情，陪他走過多少悲歡歲月，但爲什麼總是悲多於歡，心酸滿腹？他說：

「緬懷平生，亦富悲寃，淚酸在腹，齎以入泉。泉下何有，翳翳昏昏，息我以死，乃決其藩。」⑪

但柔情歸柔情，爲了理想，爲救蒼生，他仍然要振翅高飛，超越一切，衝破一切束縛：

「網羅重重，與虛空而無極；初當衝決利祿之網羅，次衝決俗學若考據、詞章之網羅，次衝決全球羣學之網羅，次衝決君主之網羅，次衝決倫常之網羅，次衝決天之網羅，終將衝決佛法之網羅。」⑫

由上述幾段譚氏的自剖，雖字數不多，但似足以將譚嗣同的特殊性格極生動地刻劃出來，呈現在我們的眼前。譚嗣同的這些多面的人格特質又是如何形成的呢？自然也應從其成長的心路歷程去加以理解⑬。

第二節 存在的悲苦與疑惑

——譚嗣同成長的心路歷程

譚嗣同（一八六五～一八九八），字復生，[14]又字佛生，[15]號通眉生，[16]又號壯飛，[17]別署華相衆生，[18]又署東海褰冥氏，[19]湖南瀏陽人。清穆宗同治四年二月十三日（西元一八六五年三月十日）生於北京宣武城南孏眠胡同私宅，光緒二十四年八月十三日（西元一八九八年九月二十八日）因變法失敗就戮於北京菜市口刑場，享年三十四歲。翌年，遷葬於故鄉瀏陽城外石山下。

譚嗣同出身於傳統的官宦世家，父譚繼洵賜進士，曾任職京師、北通州、甘肅，最後官至湖北巡撫，主持湖北省政前後八年（一八九〇～一八九八）。母徐氏，名五緣，係瀏陽國子監生徐韶春之女。

譚嗣同十二歲喪母，養於父妾，備嘗諸苦；幼性任俠，涉獵羣書，好王船山學，三十歲以前治文學，後因甲午喪師之刺激，深感「雕蟲篆刻，壯夫不爲。處中外虎爭文無所用之日，丁盛衰互紐脅力方剛之年，行其所悔者悔矣，由是自名壯飛」[20]，改治實學。光緒二十一年，年三十一歲，訪康有爲於北京不遇，由梁啓超而聞康氏之學，並讀格致新篇及西洋物理、化學、天文、地理之類譯書，其學一變。翌年，就後補知府於南京，學佛學之華嚴、唯識宗於楊文會，其學又一變，撰成《仁學》乙書。光緒二十三年，年三十三歲，至長沙與熊希齡、黃遵憲等設立時務學堂，聘梁啓超爲主講，提倡新政、新學。並與唐才常等設南學會，辦湘報，發表匡時救國之論，鼓吹變法維新。光緒二十四年（一八九八年）德宗親政，銳意革新，召康、梁，譚嗣同等入見，授四品章京，與楊銳、林旭、劉光第共參新政，號爲「軍機四卿」。但遭守舊派及西太后所忌，兵變計畫又爲袁世凱所洩，事敗，譚嗣同等四卿與楊深秀、康廣仁死於難，史稱「戊戌六君子」。就義之日，氣色不少變，慨然作臨終遺言曰：「有心殺賊，無力回天，死得其所，快哉快哉！」[21]殺身成仁，氣魄絕倫，令人低廻不已。著有《仁學》、《寥天一閣文》、《莽蒼蒼齋詩》、《遠遺堂集外文》……等行於世。其中，尤以《仁學》對後人影響最深遠。

譚嗣同的一生充滿存在的悲苦與疑惑，綜觀譚嗣同一生之成長歷程，筆者認爲大約可依其內心世界變化之特性分爲幼年啓蒙期、少年豪放期、青年訪學期、瀏陽興算期、金陵黑暗期、湖南新政期、京師變法期等七個階段來加以敍論：

一、幼年啓蒙期

這一階段係從他出生到十三歲之間，亦卽清穆宗同治四年（一八六五年）至同治十三年（一八七七年）。

譚嗣同的父親譚繼洵，字敬甫，咸豐九年（西元一八五九年）進士，以戶部員外郎流寓北京。清同治四年三月十三日。（一八六五年三月十日）譚嗣同出生於北京宣武城南孏眠胡同寓中。譚嗣同的父親期望他兒子能遵循自己走過的科舉之路，擠身統治的官宦階層行列，繼承他的事業。五歲時，譚嗣同卽與仲兄嗣襄從啓蒙老師畢蒓齋受書，資質聰慧的他，很快地「卽審四聲，能屬對」[22]。同治十一年，譚嗣同八歲，從韓蓀農讀書於北京宣武城南，兄弟二人共處一桌，「銖心鏤肝，昕夕從事」，「厲呼憤讀，力竭聲嘶，繼以瘖咽涕洟」[23]，閒暇時，兄弟倆常往書齋後龍泉寺、龍爪槐、陶然亭、瑤台棗林……等名勝遊憩[24]，紮下了深厚的感情。九歲時，徙居庫堆胡同瀏陽會館。那時候各地均在北京設立會館，作爲同鄉會的會址，既方便各地進京趕考的舉人住宿，又成爲在京爲官的官員們的流寓。瀏陽學者歐陽中鵠當時在北京任內閣中書，也住在那裏，譚繼洵就延聘歐陽中鵠、涂大圍教譚嗣同讀書。歐陽中鵠一向推崇明清之際湖南衡陽大儒王船山的學問和氣節，因爲王船山號薑齋，歐陽中鵠遂自號瓣薑。在教學中即以王船山的思想、氣節薰陶著譚嗣同，使他在幼小的心田裏早已播下「天下唯器而已」、「無其器則無其道」的道器論，[25]反對守舊，主張進化的歷史觀[26]及「天人合一」的宇宙、人生觀[27]以及嚴夷夏之防的漢族本位民族主義等思想的種子；[28]此外，並開始學習格致、算學等自然科學及研讀易經、周禮、儀禮、禮記等中國傳統學術思想。此時的譚嗣同在性格上也顯示出「欲新」、「性急不樂小成」的特質，興趣廣博，好與人辯。

清德宗光緒元年春（一八七五年），譚繼洵升任戶部郎中，派往北通州監督坐糧廳，主辦驗收漕糧運送等事項，當時譚嗣同十一歲，隨父往北通州任所。翌年，二姊嗣淑患白喉病，返北京就醫，嗣同隨母親回京探視，在接觸中亦受感染，臥病不起。不久，嗣淑病逝，更不幸地是以後四天之內，母親徐氏、大哥嗣貽亦相繼死於白喉。譚嗣同也昏迷三日，生命垂危，後來死而復生，因此，其父爲其取字「復生」。這次「五日三喪」的家庭慘變，對他幼小的心靈造成極大的刺激。他的母親徐氏，爲人恭儉誠樸，治家井井有條，對子女教養雖嚴但十分鍾愛，然而徐氏死後，譚嗣同——這個才十二歲的孩子，即永遠失去了母愛；不僅如此，他的庶母更是雪上加霜，對他百般虐待，家庭生活變得極為痛苦，根本無美滿幸福可言。譚嗣同日後回憶時曾坦白痛陳：

「吾自少壯，遍遭綱倫之厄，涵咏其苦，殆非生人所任受，瀕死累矣，而卒不死；由是益輕其生命，以為塊然軀殼，除利人之外，復何足惜」㉙

這段痛苦的童年創傷很可能埋下了他日後反對綱常名教的意識，主張廢除三綱，僅保留平等精神的「朋友」一倫，甚或是他喊出「衝決網羅」的伏筆；㉚同時，也因缺乏母愛的滋潤，家庭的溫暖與父母的保護，使他成長後，對生命並不眷戀，同時，也鍛鍊得遠較一般人獨立、倔強、叛逆與勇敢；視死如歸的精神根源之一，竟是來自於童年時期常人所不能忍受的種種綱倫之厄。除此之外，十二歲那年「五日三喪」的慘變及所造成的死亡陰影，也啓發了譚嗣同日後對「死亡」的意義，以及對人死後的精神歸宿為何等哲學問題展開思辨，慢慢地對宗教產生探索的興趣，並嚮往宗教理想所高懸的精神境界（關於這一點，後文中將配合相關事件繼續析論）。

譚嗣同自幼喜好技擊，曾自稱：「幼嫺技擊，身手尚便」，在寓居瀏陽會館期間，譚嗣同結識了一些江湖俠客，從胡致廷（人稱通臂猿胡七）、王正誼（綽號大刀王五）學習武藝㉛。大刀王五武藝高強，善於擊劍尤精於單刀，時常身背一把大刀出沒於燕、豫、秦、隴一帶，扨富濟貧，鋤強扶弱，在江湖上享有「義俠」之美譽㉜。出身貴公子的譚嗣同摒棄門第觀念，不為世俗所拘，與王五傾心相交，不僅習得精湛的劍術，亦深染大刀王五義俠作風，造就了一身「俠骨」（譚氏曾自問：「有幾根俠骨禁得揉搓？」足見他以任俠自豪），後來他在《仁學》的定義中以「任俠」來釋仁，[33]而且非常推崇墨子學說與救世精神，以及日後義不反顧，無所畏懼地投身於政治改革，橫刀笑天，慷慨赴死，多少與他早年結識王五，以俠義之道相互激勵有關。

光緒三年，譚繼洵補授甘肅鞏秦階道，加封二品銜。就任之前，先偕譚嗣同回瀏陽掃墓，前來吊唁的賓客如雲，其中同鄉少年唐才常也隨其父同來，二人相見傾談，意氣相投，年齡相若，乃結爲至交，共同師事歐陽中鵠。譚氏曾云：「二十年刎頸交，紱丞（唐才常之號）一人而已」[34]。唐才常從小好交游，不拘習俗，豪爽正直，寧折不屈，具游俠氣概，曾自述其性格云：「才常橫人也，志在鋪其蠻力於四海，不勝則以命繼之」[35]。譚、唐二人訂交，長大後一縱一橫互爲支柱，成爲改革運動的親密伙伴，時人譽之爲：「瀏陽雙傑」。譚氏於戊戌成仁後，唐才常痛哭流淚，立誓復仇，在光緒二十六年（一九○○年）以自立軍起義於漢口，不幸失敗被捕，其獄中詩有云：「七尺微軀酬故友，滿腔熱血澆皇宮」，[36]「皇宮」指遭幽禁的光緒皇帝，而「故友」，當然正是戊戌壯烈死難的譚嗣同，由此可見二人交誼有多麼深厚！譚嗣同在五倫之中特別重視朋友之倫，譚嗣同說：「五倫中於人生最無弊而有益，無纖毫之苦，有淡水之樂，其惟朋友乎？」[37]「夫朋友豈眞貴於餘四倫而已，將爲四倫之圭臬。而四倫咸以朋友之道貫之，是四倫可廢也。」[38]或許，譚唐二人二十年來深厚的「朋友之義」，使幼年備受倫常之苦的譚嗣同享受到友情的溫暖，而相信朋友之倫確實是在人生中不可或缺的感情寄托與精神支柱，因而予以特別地重視吧？

二、少年豪放期

此一階段係從譚嗣同十四歲侍父赴甘肅任職起，到二十歲中法戰爭爆發，憤而作「治言」一篇止；亦卽從光緒四年（一八七八年）到光緒十年（一八八四年）。

光緒四年，譚嗣同十四歲，隨侍父親往甘肅秦州赴任，從瀏陽到長沙，易舟泛流洞庭，到襄陽陸經洛陽，入函谷關、潼關，秋天才抵達蘭州。其時譚嗣同在「入關詩」中卽寫下「駒隙任添新歲月，馬頭還我好山川」的豪邁詩句[39]，此後經常往來於大江南北、邊塞內外，自謂「身役四方，車輪無角」[40]。「尤其是二十歲前後，他的行動似乎很豪放，而且這件事情已深深地在其性格中生根」[41]，「他對科擧亦有反感，他能豪飲，好任俠，因此鎭戍西域的武將對他殺牛，河西少年擧拳相迎」，他形容自己當時爲「時方爲馳騁不羈之文，講霸王經世之略」。[42]

譚嗣同在蘭州道署裏讀書，對方苞、劉大櫆、姚鼐等桐城派古文產生很大的興趣。桐城派的古文在內在思想上是程朱理學的信徒，譚嗣同在閱讀桐城派古文的同時，程朱之理學觀點也無形中對他的思想產生影響。光緒五年，譚嗣同拜瀏陽著名學者徐啓先爲師，徐啓先，字舜臣，秉承乾嘉考據之遺風，精通文字音韻、名物訓詁和史學。在他兩年的指導下，譚嗣同接受了考據學派嚴謹的治學方法。不過，徐啓先講授儒家經典，並不侷限於朱熹的《四書集注》，而好稱引阮元的經學，而阮元是一位觀念進步的學者，對清代中葉今文經學常州學派的「微言大義」十分推崇[43]，因此，譚氏也藉此一因緣接受了今文經學的薰陶，在煩瑣枯燥的故紙堆外，嗅得了自由思考、經世致用的新學風。光緒八年（一八八二年），譚嗣同十八歲，在湖南應試，名落孫山，返回蘭州，其父非常生氣，認爲他辜負了家人的殷切期望，嚴厲督促他埋首朱註四書，勤作八股，譚嗣同深表反感，憤而在父親交待他模擬的時文制藝的課本上，寫下「豈有此理」四個大字，表達他對科舉的抗議。八股的格式是關不住豪放的青春烈焰的，在心智的充實方面，譚嗣同反而津津有味地研讀與科考無關的諸子百家，尤其喜好《墨子》，《墨子》一書係後期墨家的著作，強調兼愛、平等、功利主義以及摩頂放踵積極奉獻的實踐精神，這些思想令他心儀不已，，將譚嗣同從場屋之學導引到另一個開濶的新天地，也構成日後《仁學》極重要的思想根源之一。此外，在體魄及意志的鍛鍊上，他熱愛大自然，熱愛祖國壯麗的大好河山，時常策馬出遊，出入邊塞，迎著強勁的飛沙，聽著北風的呼號，俐落昂揚地奔馳於曠野山林間，「嘗於隆冬朔雪，挾一騎兵，凡七晝夜，行千六百里。巖谷阻深，都無人迹，載饑載渴，斧冰作糜。比達，髀肉狼藉，濡染褲襠」[44]，像這類一般人「目駭神戰」視爲畏途的艱苦探險，在他而言輕鬆平常「殊不覺」，北國山河的開濶雄壯的風光、河西少年的剛健、豪邁、強悍、桀傲的風格，對譚嗣同的成長，由外而內，從體魄、胸襟、意志、風姿、思想到人格，均產生極大的塑造力量，這是他迥異於一般書齋型知識份子的重要背景因素。而且他似乎很欣賞自己這種「俠骨柔情」兼備的性格，這點可從他十八歲時爲自題小照曾寫下一首「望海潮」的詞看出：

「曾經滄海，又來沙漠，四千里外關河，骨相空談，腸輪自轉，回首十八年過；春夢醒來波：對春帆細雨，獨自吟哦；惟有瓶花數枝，相伴不須多；寒江纔脫漁蓑；乘風塵面貌，自看如何；鑑不因人，形還向影，豈緣酒後顏酡；拔劍欲高歌，有幾根俠骨，禁得揉搓；忽說此人是我，睜眼細瞧科。」[45]

光緒九年四月初三，譚嗣同與長沙李壽蓉之女李閏結婚，這段婚姻似乎並不太幸福。[46]光緒十年被新疆巡撫劉錦棠招為幕府，遂與二哥嗣襄同往新疆，劉錦棠很欣賞譚之才華，本準備向清廷推薦，不料劉以養親去官未果，譚嗣同只得再返蘭州[47]。不久，中法戰爭爆發，清廷未敗而甘心自認失敗，屈辱求和，使二十歲的譚嗣同頗為憂憤，心憂時局乃作「治言」一篇，這是譚嗣同現存資料中最早的一篇政論文章，表達出當時對時局的關心及對中國現實處境的反省，對洋務論者只知追求「船堅礮利」的救國主張提出譏評，但仍抱持「華夏之道不可變」的中國本位文化色彩，認為救國之道乃在務本踏實，做好儒家誠正修齊治平的道德功夫。這是一篇相當能代表他三十歲以前心態與思想的文章，同時也是一個心路歷程轉變的訊號，那就是譚嗣同已於此時開始，在西力衝擊下，中國面臨的困境中，企圖於洋務論（技術層面革新）之外，開始找尋救國之道。[48]

三、青年訪學期

這一階段從光緒十年（一八八四年）中法戰爭爆發譚嗣同作「治言」開始，至光緒二十年（一八九四年）中日甲午戰爭爆發，自號壯飛止。前後歷十年，遍遊各地勘察風土民情，追求中外新知，逐漸開拓其學術思想領域的年代。

譚嗣同雖厭惡科舉，但因出身世家，父命難違，從二十一歲到三十歲曾六赴省試，雖未能中舉，但不以為意，開始到處遊歷，遍覽名山大川，探索民間疾苦，頗有行萬里路勝讀萬卷書的充實感與滿足。譚嗣同有云：

「十年中至六赴省試，唯一以兄憂不與試，然既行萬有餘里矣，合數都八萬餘里，引而長之，堪繞地球一周。經大山若朱圉、鳥鼠、崆峒、六盤、太華、終南、霍山、匡盧無算；小水若涇、渭、漆、沮、滻、灞、洮、潼、澧、藍、伊、洛、澗、瀍、恒、衛、汾、滹沱、無定、沅、灃、蒸、淥勝蹟益無算。」[49]

其行踪往來遍及「直隸、新疆、甘肅、陝西、河南、湖北、湖南、江蘇、安徽、浙江、臺灣各省」[50]，除遊覽名山大川之外，更「察視風土，物色豪傑」。[51]由於遊迹之廣，因而有直接觀察社會的機會，對於基層民衆的苦痛、清廷的昏聵產生了更深一層的了解，益增其對民衆、對國家、社會的關懷。我們從他所作的幾首歌謠中，即可看出他自然流露出悲天憫人、民胞物與的胸懷。例如，他在二十四歲那年外出遊歷時寫下的「兒纜船並敘」：

「友人泛舟衡陽，遇風，舟瀕覆，船上兒甫十齡，曳舟入港，風引舟退，連曳兒仆，兒嘑號不釋纜，卒曳入港，兒兩掌骨見焉。北風蓬蓬，大浪雷吼，小兒曳纜逆風走，惶惶船中人，生死在兒手。纜倒曳兒兒屢仆，持纜愈力纜靡肉，兒肉附纜去，兒掌惟見骨。掌見骨，兒莫哭，兒掌有白骨，江心無白骨。[52]」

這篇詩章，雖短短百餘字，但可謂對當時社會勞工階層的悲苦面作了一個寫實的切片。

除上述意義外，這篇詩章如就現代文學批評的角度來加以賞析，我們似乎也可由字裏行間隱隱感受到，除了譚嗣同用文字勾勒出的具體圖像外，似乎尚有其他文化意義暗寓其間（按：筆者只是從文學批評的角度來分析作品的多種可能性，並不是武斷地說他這篇文學作品必然如此，筆者不過站在賞析的角度，聊備一格，供作參考而已，讀者請勿誤會。），那就是：「舟」似乎是一個象徵，譬喻晚淸以來的中國與中國文化；「風」、「浪」可視爲譬暗喻時代的衝擊；「舟遇風」，代表中國與中國文化的歷史處境，亦卽在西方列強優越的軍事、科技、經濟、文化強烈挑戰下所面對的危機與困境；而甫十歲的「小兒」，似乎隱隱代表一羣在大時代衝激下，在傳統中成長，又吸收新時代氣息，尙未茁壯成熟，仍有待成長、培育的中國知識份子，雖未成熟但卻迫於情勢救亡之急，必須暫忘一已之渺小跳入怒濤之中與大風大浪搏鬪，負擔起船上乘客生或死的命運，雖屢屢仆倒，但必須屢仆屢起，安抵彼岸而後止。卽使付出再大的犧牲與代價（掌見苦），也別無選擇（兒莫哭），因爲受苦的民族，沒有悲觀的權利，只有含淚奮鬪，苦撐到底。

同年，譚嗣同又寫了下列兩首小詩，其一爲「罌粟米囊謠」：

「罌無粟，囊無米，室如懸罄饑欲死，饑欲死，且莫理，米囊可療饑，罌粟栽千里，非米非粟，蒼生病矣。」㊿

另一首爲「六盤山轉饟謠」：

「馬足蹩，車軸折，人蹉跌，山岌嶪，朔雁一聲天欲雪，輿夫輿夫，爾勿嗔官！僅用爾力，爾胡不肯竭？爾不思車中累累物，東南萬戶之膏血，嗚呼！車中累累物，東南萬戶之膏血」[54]！

淡淡幾句，時而直陳清廷昏庸腐敗，不恤百姓饑餓欲死卻貪利忘義栽種鴉片殘民自飽；時而運用反諷的手法，表達對勞動階層之辛勞及一般大衆負荷之沈重的同情。如果說飛揚奔放，桀傲不馴的河西少年是譚嗣同性格中「俠骨」的一面，那麼上述幾首詩謠所呈現的不正是他「柔情」的另一面麼？

其實，譚嗣同除了悲憫的柔情之外，更有他「深情」的一面。這份隱藏內心的深情，從他仲兄嗣襄的死亡，被揭示出來了。

光緒二十五年春（西元一八八九年），爲應北京考試，乃師事同鄉儒者劉人熙，「始識永康之淺中弱植，俶覩橫渠之深恩果力，聞衡陽王子精義之學，緬鄉賢朱先生闇然之致」[55]，從此，鑽研王夫之的《船山遺書》、黃宗羲的《宋元學案》、《明儒學案》、《明夷待訪錄》……，專致於近世大儒相關政治哲學的探討。日後《仁學》中所強調的「仁一元論」、「通天地萬物人我於一體」的「通」及「仁」的觀念即淵源於張載的「氣一元論」的哲學，以及「天人合一」的宇宙觀，「民吾同胞，物吾與也」的道德觀、平等觀[56]；特別強調孟子、重視民本的民主觀念，係脫胎於黃宗羲的「原君」等政治思想[57]（關於船山之影響前已約略提及）。

正當譚嗣同見識日進之際，不幸的事卻又發生了，仲兄嗣襄的猝死異鄉，再度衝擊他的心靈。原來，光緒二十五年秋天，嗣同與仲兄嗣襄均在北京應試不第，嗣襄乃往臺灣，依臺灣道臺唐景崧，唐薦之於臺灣省布政使沈應奎，沈又薦於臺灣巡撫劉銘傳，委派管理鳳山縣租稅，不過數月革除積弊，甚得劉銘傳激賞，乃派往臺南辦鹽務，嗣襄個性剛直、勤奮，在鳳山革除積弊，不懼貪官污吏，雖獲成功，但遭受排擠，內心鬱鬱寡歡，復因積勞成疾，不幸客死臺灣，年僅三十三歲。譚嗣同自幼喪母後在所有親人當中，與嗣襄感情最深，嗣襄死訊傳來，嗣同之悲傷，實非筆墨可形容。次年，他所鍾愛的侄兒傳簡又不幸病死。自許爲英雄豪俠的他雖從不畏死，但死亡卻一次次輕易奪走他心愛的人的生命，死亡卻能那麼輕易地一次又一次地斲傷他的心靈……。仲兄的猝死，再度勾起他藏在內心深處的傷口（十二歲那年的「五日三喪」），逼迫他以二十四、五正當青年的年齡，愴然地、淒切地向生命提出質疑，寫下了好些有關「死亡意識」感到人生悲戚但又迷惘的作品：

「小時不識死，謂是遠行游；況為果行遊，詎解軫誰憂！……既逝不復合，乃知生若浮。……纖條茁初穎，但知有同根，纏附蔦與蘿，繼起乃相緣。同根不相保，妻子安足論？」58

於是，他讀莊子解憂，雖對莊周的曠放豁達很欣賞，覺得其「萬物一體」的觀念很相契，但現實生活中感情的創傷依然難以平復。心情依然是悲痛的。甚至於當悲切、迷惘到極點之際，他竟然想將墳場中長眠地下的鬼魂請出來直接對談，除傾訴平生悲冤與辛酸之外，並想了解人死後的最終歸宿到底爲何59？「死亡」對他心靈一再地打擊與傷害，無意間卻開啓了譚嗣同探究生命哲學的宗教心靈，盼能消解死亡的畏懼、傷感與苦痛，而求得圓滿的解答。此一內心的疑惑與企求，播下了譚嗣同日後對各種宗教探索的種子[60]。而此一宗教心靈的湧現，與他日後《仁學》中超越的精神，救世的情懷，辨證的思想、以及實踐行動中超乎常人的道德勇氣，坦然面對死亡不驚不怖的安祥，與自認死得其所的自足感及快樂有極密切的關係。[61]

光緒十六年春，譚嗣同侍父赴湖北巡撫任，進一步鑽研船山學說思想，且作「王志」，自謂「私淑船山也」[62]其間，又曾隨父謁見張之洞，結交當時湖北地區名流學者，識見日益深博，同時也藉此機會參觀了張之洞當時在湖北所推行的洋務新政，對所謂「洋務」的具體內容，有直接觀察後的理解。光緒十八年（西元一八九二年），譚嗣同將他研究王船山思想所產生的疑難問題向劉人熙請教，劉人熙勉勵他並指出一條道路：「極研以闡其幽，博覽羣籍以求其異同，切就世變而驗其用」[63]，這個提示，對他有極大的啓示作用，使譚嗣同領悟到爲學之道應探究事物本質，綜合、比較古今思想家之著作，並應結合他所能掌握的當代西方先進自然科學，切合當代社會之實際需要，加以融會貫通，並在具體的社會實踐上將理論加以驗證。基於此一體認，他深感關於西方自然科學知識及政治學說之貧乏，確有亟待加強之必要，充實西學新知的念頭可能從此萌芽。光緒十九年（一九八三年）譚嗣同於北京結識吳樵。吳樵字鐵樵，在時人當中是一博學多聞，通達古今之變，知曉中外之故之輩，尤精於算學，對於西方傳入的自然科學頗有研究，盡能習其器而名其物。吳樵對譚嗣同大略介紹西方先進國家科學發展的情況，引起譚氏對自然科學濃厚的興趣，於是選購了一批由廣學會所編譯的自然科學、世界歷史、世界地理、政治學說、萬國公報等書籍，加強充實。復於上海，結識英國傳教士傅蘭雅（John Fryer）。傅蘭雅於咸豐十一年（西元一八六一年）來到中國，最初在香港任教，同治二年（一八六三年）起任北京同文館英文教習，同治六年起在江南製造局擔任翻譯工作達二十年之久，又於上海創辦格致書院，與中國知識份子討論科學及西洋文化，並經營印刷出版事業，從事譯書之工作。光緒二十年（西元一八九四）曾赴美國芝加哥大學擔任東方語文教授。可見傅蘭雅是一位具有相當知識素養致力溝通中西文化的一位「西儒」[64]，譚嗣同透過這位「西儒」的引領，更進一步體認到西學之重要，乃購買大批江南製造局所譯新書，攜回研讀，這是接觸西學，結交西方學者，有計劃地充實西學的開始。從此，治學不再有於中國傳統，思想也由原來中國本位的保守心態，逐漸走向酌採西法以求變的道路。

光緒二十年（西元一八九四年），譚嗣同三十歲，訪學歸來，發憤讀書。六月，中日甲午戰爭爆發，譚嗣同大受刺激，造成其思想的急遽的轉變，譚氏有云：「三十之年適在甲午，地球全勢忽變，嗣同學術更大變」[65]。為了總結過去，展望未來，突破傳統，開創新途，他整理三十歲以前的舊著集為《秋雨年華之館叢脞書》、將三十歲以前所作的詩，輯成《莽蒼蒼齋詩》、將過去涉獵經、史所作心得、紮記，輯為《石菊影廬筆識》，作為三十以前的成長紀念。同時對過去虛擲歲月深表悔恨，認為值此「中外虎爭，文無所用之日」，決心拋棄虛文，全力治實學，以期匡世濟時。回首過去的三十年，親睹祖國大好山河慘遭外人侵略踐踏，以致「風景不殊，山河頓異，城郭猶是，人民復非」，無限感慨，乃取楊雄「雕蟲篆刻，壯夫不為」之語自勵，從此自名：壯飛。[66]這是他的思想由保守邁向激進的轉變關鍵。

四、瀏陽興算期

這一階段從光緒二十一年（西元一八九五年）閏五月中日馬關議和起，到光緒二十六年六月（一八九六年七月）往金陵（南京）任候補知府。這段時期，在觀念上變法思想漸具雛型；在實踐行動則以湖南士紳身份（在野的知識份子）率先提倡變法維新，擬於瀏陽籌設算學格致館；在充實知識見聞方面，則有北遊訪學之行。

中日甲午戰爭，清廷海、陸軍全面潰敗，在畿疆危逼的情勢下，只有忍辱求和一途。光緒二十一年五月馬關約成，割地賠款，喪權辱國，譚嗣同深受刺激，直斥馬關條約「直合四百兆人民身家性命而亡之」，「和約中通商各條，將兵權、利權、商務、稅務一網打盡，隨地可造機器，可制土貨；又將火輪、舟車、開礦、製造等利一網打盡，將來占盡小民生計，並小民之一衣一食皆當仰之以給，自古取人之國，無此酷毒者！」[67]他認爲亡國滅種之危機已迫在眉睫，如再不變法維新，則「四百兆黃種之民，胥爲白種之奴役」。於是奔走呼號，提倡新學，籲請變法。其「上歐陽中鵠師書」云：

> 「平日於中外事雖稍稍究心，終不能得其要領。經此創痛鉅深，乃始屏棄一切，專精致思。……詳考數十年之世變，而切究其事理，遠驗之故籍，近咨之深識之士，……因見於大化之所趨，風氣之所溺，非守文因舊所能挽回，不恤首發大難，畫此盡變西法之策」。[68]

那麼如何是「盡變西法之策」呢？譚氏提出開風氣、育人才、變科舉、興學校、開議院、改官制、練海陸軍、開礦產、建鐵路造輪船、立商部商會、更刑律、立預算、改稅制……等[69]；其中尤重科舉之廢除。因爲「欲議變法，必先自士始；欲自士始，必先變科舉[70]」，比較切實的作法，當先設立新式學堂，而算學、格致尤爲西學之本，故宜先從算學着手。於是，擬於瀏陽設算學格致館作爲革新的起點，「先小試於一縣」，「此日之啣石塡海，他日未必不收人才蔚起之效」。譚氏此一建議頗爲其師採納，並得其友唐才常、劉善涵之贊同。後興算計劃蒙學政江標嘉許，特准立案。適值瀏陽嚴重旱災，經費短絀而暫告停頓。歐陽中鵠、譚嗣同等乃糾集同志十餘人，每人出制錢五十緡，先行成立算學社，聘新化晏孝儒擔任講授，這是甲午戰後湖南維新人士所成立的第一個學術團體。（按：光緒二十三年初，在歐陽中鵠、唐才常等奔走下，籌妥經費，乃予擴充，改「算學社」爲算學館）。影響所及，時務學堂、南學會、東山書院、方言館……紛紛相繼設立。對後來湖南推行新政運動，乃至戊戌變法均產生相當的影響。誠如唐才常所評：「湘省直中國之萌芽，瀏陽直湘省之萌芽，算學又萌芽之萌芽」[71]。由此可見譚嗣同於甲午戰後首倡瀏陽興算的意義有多深遠。

光緒二十二年二月（西元一八九六年）譚嗣同遵父命陪其姪赴北京應試，「發一宏願：願遍見世間碩德多聞之士，虛心受敎，挹取彼以自鑑觀；又願多見多聞世間種種異人、異事、異物，以自鑑觀」[72]。於是，道經上海，再訪傅蘭雅，傅不但介紹格致之學的新發展，並使他對基督產生興趣。隨後「到天津見機廠、輪船、船塢、鐵路、火車、鐵橋、電線、砲台等」[73]，並爲研究宗教之興趣，探索心之奧妙，找尋改革的社會力量，加入當地民間秘密組織「在理教」，最後抵達北京，訪康有爲未遇，但由吳樵之介紹，結識梁啓超，二人一見定交。梁氏爲其介紹康有爲之學說與變法思想，譚深表佩服，自稱爲康有爲之「私淑弟子」，自此「其學一變」[74]。復因梁啓超之介紹，與夏曾佑訂交。夏曾佑於佛學甚有修養，因而引發他對佛學的興趣。後來，譚嗣同重經上海三訪傅蘭雅，「獲其所譯《治心免病法》一卷，讀之不覺奇喜」，認爲「已入佛家之小乘法，於吾儒誠之一字，亦甚能見到」[75]，此書大大提高他對基督教的研究興趣與評價，對日後他所提出「心力」的信念，例如：認爲心力無所不到，應發揮心靈不可思議之力量等觀念，有甚深的影響[76]。

五、金陵黑暗期（思想顛峯期）

這一階段從光緒二十二年七月往金陵（南京）任候補知府起，到光緒二十三年十月棄官返湖南推行新政止。即西元一八九六年七月至一八九七年九月。這段期間，親歷官場腐敗陰暗，是身心備受煎熬的黑暗期，但也是最能代表其畢生思想最高峯的《仁學》的寫作期（按：《仁學》的寫作期間為從光緒廿二年七月起，至同年陰曆十二月成書，即西元一八九六年八月至一八九七年一月）。

光緒二十二年七月間，譚嗣同抵南京任候補知府（其父為他捐官而得此職位），暫住盧妃巷楊彥槻家中。南京號稱龍盤虎踞、六朝建都之地，雖然流風餘韻，人文薈萃，但官場黑暗腐敗之陋習也根深蒂固，譚嗣同必須入境隨俗，日日參謁，打躬作揖，然而雖首府首縣，拜之數次，也不能一望其頰色，又何論上官？「及上官賜以一見，僅問一兩語，而同寅早已疑之忌之矣。[77]」即使想拜訪南京知名之士，不求升官，只是請益學問，對方一聽他是候補官，輒摒之不見，因爲官場上的風氣重視科舉遠超過實學，沒有科舉功名的候補官幾乎沒人願意理睬的。這對譚嗣同造成極大的刺激，他在與師友的書信中，透露出強烈地不滿、厭惡與不服，他說：「固知官場黑暗，而不意金陵爲尤甚」[78]。「作吏一年，無異入山」[79]，實在「孤寂無俚」，此時的他，正陷入「苦惱困辱」之黑暗時期，甚至有「求去中國」之嘆。但現實環境帶來陰暗憂慮的同時，也帶給他攀向思想巓峯的新契機，在上述的心境下，他結識了當時最有名的佛學家之一楊文會。楊文會，安徽人，他是一誠信的佛教徒，「博覽教乘，熟於佛故，以流通佛典爲己任」[80]。曾兩度隨曾紀澤出使國外，與歐洲研究梵文佛典的學者以及和日本佛教學者南條文雄等取得連繫，從海外蒐來許多在中國已失傳的佛經，攜回加以印行廣爲流布[81]。他精通大乘佛學唯識宗的教義，強調學佛應以「信、解、行、證」爲進路，不宜空疏浮誇，拋離經典，絕迹空行，因此，他對經典研究與精神實踐同樣注重的華嚴、相宗的學說似有較偏重的傾向，認爲相宗是「末法救弊之良藥」[82]。在他的大力提倡下，造成晚清知識份子研究佛學的風氣。譚嗣同於金陵期間在楊文會的教導下，潛心佛學，遍窺三藏，「於是重發大願，晝夜精治佛咒，不少間斷」[83]，自此，其學又一變，思想大致確定，同時也使他對「心」的信念益發堅定，他說：

「人為至靈……，人所以靈者，以心也。人力或做不到，心當無有做不到者……。自此猛悟，所學皆虛，了無實際，惟一心是實，心之力量，雖天地不能比擬，雖天地之大，可以由心成之、毀之、改造之。」[84]

至此，他不僅突破了困頓金陵的沮喪，同時也走出多年來存在的悲苦與疑惑，自信十足地對自己的未來人生提出如下期許：

> 「嗣同既得心源，便欲以心度一切苦惱衆生，以心挽刼者，不惟發願救本國，並彼極强盛之西國，與夫含生之類，一切皆度之。」[85]

於是他展開「冥探孔佛之精奧，會通羣哲之心法，衍釋南海之宗旨」[86]的《仁學》寫作工作，將旅次金陵的黑暗期扭轉成一生思想的巔峯期！

從光緒二十二年七月（一八九六年八月）起，譚嗣同發憤著《仁學》，同年陰曆十二月（一八九七年一月）完成初稿，後攜去上海與梁啓超研討後，回南京又作修改，最後定稿。《仁學》之寫作，係企圖透過哲學思考，建立新思想體系，創造變法的理論，以爲政治、社會、經濟、文化改革的依據。譚氏在寫作時是亢奮而又急切的，正如他在「仁學自敍」中所言：「每思一議，理奧例賾，坌湧奔騰，際筆來會，急不暇擇」[87]，因此，很多思想資料等不及深入研究、充分醞釀、融會貫通，就塞進他的思想體系，將墨子的兼愛說、張載的氣一元論、天人合一的宇宙觀、王船山的道器論、黃宗羲的民主思想、從傅蘭雅及廣學會、江南製造局所翻譯書籍所得到的西方科技知識、康有爲的公羊三世歷史進化論和大同理想、以及陸王的心學、程朱的理學、基督教、佛學的唯識宗……等思想雜揉一起；而以「仁——通——日新——平等」的思想理則加以貫穿，並依此哲學理路爲基礎，提出政治、經濟、社會、教育、文化等實踐理論，以爲變法維新之張本[88]。雖然《仁學》失之雜蕪，但在當時的文化條件下，已屬難能可貴。譚死後梁啓超曾爲文評之曰：「譚瀏陽之《仁學》，以宗教之魂，哲學之髓，發揮公理。……其思想爲吾人所不能達，其言論爲吾人所不敢言」[89]，又說：「僅……此區區一卷，吐萬丈光芒，一瞥而逝，而掃蕩廓清之力莫與京焉」[90]。可見《仁學》不僅代表譚嗣同個人一生思想的最高峰，也是晚清思想界巍然矗立的高峯之一。

六、湖南新政期

這一階段係從光緒二十三年十月應湖南巡撫陳寶箴之邀返湖南推行新政起，至次年七月奉詔進京止。亦即從西元一八九七年九月到一八九八年七月間。

在譚嗣同撰寫《仁學》的同時，湖南的維新運動經甲午後的播種、蘊釀，雖仍遭守舊人士反對，但推動維新變法的氣候已成，尤其是陳寶箴於光緒二十一年九月出任湖南巡撫後，以開化湖南爲已任，願「營（湖南）一隅爲天下倡，立富強基礎，足備非常之變，亦使國家他日有所憑恃」[91]，以一省領導者之地位，延聘維新人士及湖南士紳聚議策行，力圖振作。譚嗣同完成《仁學》後，亦急思將理論化爲實踐，積極投入社會改革運動，於是於光緒二十三年十月，應陳寶箴之邀，棄官返湘，懷著他新近領悟的「衝決網羅」之學，告別他長久以來心靈的創傷，悲苦，疑惑，滿懷希望地迎向大時代的驚濤駭浪。

譚嗣同先回瀏陽安置家眷，然後轉赴長沙，與唐才常、畢永年、易鼐、樊錐等共商維新變法的大計，經熱烈討論後，一致認爲維新變法之最重要關鍵在改革教育，正所謂「學術爲政治之本，學術明斯人才出」[92]，因此，「兵戰不如商戰，商戰不如學戰」，具體的步驟應以「廣興學校，無一鄉無學校」爲開端，並配合社會教育與文化宣傳，因此在各項新政中，尤致力於時務學堂、南學會、《湘報》及工礦交通事業。時務學堂是在光緒二十二年冬，由王先謙等領銜申請創設，光緒二十三年八月正式成立，同年十月，在譚嗣同力邀之下[93]，梁啓超入湘講學，擔任時務學堂中文總敎習，當時梁在上海主持時務報，撰「變法通義」十餘篇，立論肯切，筆鋒犀利，感情豐沛，「舉國趨之，如飲狂泉」[94]，入湘講學，自然造成學界轟動。梁啓超依「萬木草堂小學學記」爲藍本，撰時務學堂學約及章程，教育宗旨「中學以經義掌故爲主，西學以憲法官制爲歸」[95]，期以時務學堂爲基地培育經世救國的幹才，宣揚「以保國保種保教爲己任」的理想。梁之講學，除借公羊、孟子發揮民權理論外，並於學生的課批中尖銳地抨擊清廷錯失，傳播革命思想。而譚嗣同亦擔當講課任務，「所言皆當時一派之民權論，又多言清代故實，盛倡革命；其論學術，則自荀卿以下漢唐宋明清學者，掊擊體無完膚」[96]，並與梁啓超、唐才常將黃宗羲的《明夷待訪錄》、王秀楚的《楊州十日記》印出來，加上案語，暗中散發給學生，宣傳排滿思想、種族革命[97]。不但造就出許多優秀青年，同時使時務學堂聲譽鵲起，一時間成爲新式學堂的典範。

除學校教育之外，社會教育亦不容忽視，乃有「南學會」、「湘報」之創辦，盼能開啓民智，培養民力，促進民權，達到救亡、革新的目的。湘報在熊希齡、譚嗣同、唐才常等發起下，於光緒二十四年二月創刊（西元一八九八年），「專以開風氣，拓見聞爲主」[98]，高倡民權平等，成爲當時湖南維新份子宣揚變法的重要園地。南學會亦爲譚嗣同等倡議，於光緒二十三年十一月十二日正式成立於長沙，以對抗列強瓜分，「思保湖南獨立」，並使「南支那不亡」爲目的[99]；以「開濬知識、恢復能力、拓充公益」爲宗旨，凡遇地方興革之事項，共同商議並提具體方案，以發揮議事功能。此外，經常精選學識淵博、見識深遠之士公開演講，並設通訊管道，與各地士紳、民衆溝通，以建立廣泛地社會聯繫[100]。南學會成立後，湖南各州縣受其影響，紛紛設立各類學會與之呼應[101]，南學會這個禦侮救亡的愛國團體，遂成爲湖南新政運動的領導中心。此外，於其他建設方面，譚嗣同等倡修粵漢鐵路、創辦內河小輪船、商務礦務、創辦武備學堂、保衞局等，撰「壯飛樓治事十篇」說明維新變法的具體方案[102]。

短短期間，湖南在開明的地方官，湖南在籍革新士紳及以梁啓超爲首的康門弟子協力推動下，在光緒二十四年三、四月間達到高潮，湖南風氣丕變，成爲在戊戌變法前夕表現最突出的省份，但自此之後在守舊士紳一連串強烈的抨擊及張之洞的壓力下，再加上地方官與在野士紳角色立場及代表利益之差異，維新陣營乃告分裂，新政運動遂陷癱瘓之局面。譚嗣同等雖一再表示維新堅定的決心他說：「平日互相勸勉者，全在殺身滅族四字，豈臨小小利害而變其初心乎？」[103]又說：「寧能殺身以成仁，不能曲學以阿世」，但大勢終難挽回。梁啓超等維新志士紛紛被迫離湘。梁離開長沙前一日，譚、唐趕來送行，將一方瀏陽特產的菊花石硯贈給梁啓超作紀念，這方菊花石硯係唐才常採製，由譚嗣同撰銘寫文，請江建霞精心鏤刻：「空花了無眞實相，用造莂偈起衆信；任公之硯佛塵贈，兩君石交我作證」。淡淡數語，離情依依，也道盡新政頓挫的感傷。

七、京師變法期

此一階段從光緒二十四年（西元一八九八年）七月二十日譚嗣同奉旨入京參與變法起，到同年八月十三日變法失敗從容就戮止，前後僅二十三日，但卻代表他心力呈現的最高峯。

在多年努力下，康有為的萬言書終於上達，若無事權寧退帝位「不甘作亡國之君」的光緒皇帝，終於在光緒二十四年四月二十三日頒佈「明定國是詔」，宣佈變法，銳意維新。山東道監察御史楊深秀上疏為之剖辨，得到德宗下詔獎勵；一時上自朝廷新銳，下至草野匹夫，紛紛倡言變法。這時，徐仁鑄寫信給其父侍讀學士徐致靖，推薦譚嗣同到北京參與新政。於是徐致靖向德宗保舉譚嗣同，稱其「天下卓犖，學識絕倫，忠於愛國，勇於任事，不避艱難，不畏謗疑，內可以為論思之官，外可以備折衝之選」[104]。德宗乃下詔：「劉坤一、張之洞速飭黃遵憲、譚嗣同二員來京，送部引見。」這時，譚嗣同、唐才常、畢永年等正籌劃聯絡哥老會，本擬結合會黨之力，作為變法維新之後盾。及接奉「上喻」之後，非常興奮，打消了聯絡會黨的念頭，決定輔佐皇帝走由上而下的改革路線。雖然他亦知此去前途難以預料，但為國家民族之命運，決心不避艱險，全力以赴。進京途中，在武漢突然患病，德宗又來電催促：「迅速來京，毋稍遲延」。乃抱病兼程北上，至七月二十日始「扶病入覲，奉對稱旨。超擢四品卿銜軍機章京，與楊銳、林旭、劉光第同參預新政，時號為軍機四卿」。一時之間，國事似乎大有可為。但很快地，他發現守舊反對的聲浪日益高漲，各級官員對革新多採陽奉陰違態度，尤其致命的是慈禧名義上雖歸政，但仍抓緊大權遙控大局，德宗動輒必須親往頤和園向太后請命，太后怒斥皇帝之事時有耳聞。譚與康、梁終於認清了「今而知皇上之眞無權矣」的事實。七月二十九日，德宗召見楊銳付以親筆上諭，其中有云：「朕位幾不保，命康與四卿及同志速法籌救」[105]。康、譚等捧詔慟哭。當時京津一帶傳說紛紜：慈禧太后將偕光緒皇帝去天津閱兵時，由榮祿發動兵變，廢除皇帝。康、譚等乃急思對策，深感維新運動皇上無權、又無武力支持，實在寸步難行，乃決心拉攏通曉洋務，平素言論傾向變法在天津小站練兵，握七千兵力的袁世凱，來個先發制人，冒險奪權。八月初一，德宗詔袁世凱入京覲見，垂詢練兵諸事，授袁以侍郎官銜，專辦練兵事務，盼袁能感恩圖報。初二，德宗命康有爲速即出外避難。八月初三深夜，譚嗣同隻身赴法華寺暗訪袁世凱，請袁發兵殺榮祿，救「聖主」。袁佯稱允諾，但於八月初五趕回天津立刻向榮祿告密。於是在八月初六慈禧迅速發動政變，將德宗幽禁瀛臺，由他再度「臨朝訓政」。

政變發生後，慈禧以「結黨營私，莠言亂政」的罪名，下令逮捕康有爲。而康在事變頭一天已離京到天津，在英國領事館協助下逃往香港。梁啓超也在日本使館的幫助下，避難東瀛。譚嗣同已抱定必死決心，不但不走避，卻竟日不出門，以待捕者來。義俠王正誼（大刀王五）勸其出奔，願以已身保護同行，但遭譚拒絕；同時，又有日本友人數名也再三勸他赴日避難，也爲他所拒。譚嗣同說：

「各國變法，無不從流血而成，今日中國未聞有因變法而流血者，此國之所以不昌也。有之，請自嗣同始。」[106]

最後，終因不肯離去而被捕入獄，曾於獄中題壁賦詩云：

「望門投止思張儉，忍死須臾待杜根；我自橫刀向天笑，去留肝膽兩崑崙。」[107]

八月十三日，譚嗣同與楊深秀、楊銳、林旭、劉光第、康廣仁等六人，於菜市口刑場慷慨就義。臨刑之際，神色從容不變，遺言曰：「有心殺賊，無力回天；死得其所，快哉快哉！」[108]在悲壯與無奈交錯之間，有如一道劃破陰暗長空的流星，一瞥而逝，讓人們驚羨不及，即已炫爛地結束他那充滿悲劇性的一生。

附註

❶ 在一八九〇年代中國先知先覺的知識份子普遍均懷有強烈的危機意識。張灝在《梁啓超與中國思想之過渡》Chang Hao, Liang Ch'i-Ch'ao and Intellectual Transition in China 1890-1907 (Cambridge: Harvard University Press, 1971) 及《中國知識份子的危機意識》(Chinese Intellectuals in Crisis: Search for Order and Meaning, 1890-1987 (Berkeley: University of California Press, 1987) 中析論極詳。

❷ 關於這點梁啓超曾說過：「甲午喪師，舉國震動，年少氣盛之士，疾首扼腕言維新變法，而疆吏若李鴻章、張之洞輩亦附和之，而其流行語，則有所謂『中學爲體，西學爲用』者，張之洞最樂道之，而舉國以爲至言。蓋當時之人，絕不承認歐美人除能製造、能測量、能駕駛、能操練之外，更有其他學問，而在譯出西書中求之，亦確無他種學問可見。康、梁、譚嗣同輩，即生育於此種學問饑荒之環境中，冥思枯索，欲以構成一種不中不西，即中即西之新學派。」（見梁啓超，《清代學術概論》頁一六一。

❸ 見《譚嗣同全集》，仁學，卷上，頁九。華世，民國六十六年十月。（以下簡稱《全集》，同時凡引自該書譚氏所撰之文，均省略作者姓名）。

❹ 見「唐才常、譚嗣同致歐陽中鵠函」，《全集》，頁三三九。

❺ 同❹，頁三三七。

❻ 「報貝元徵書」，《全集》，頁三八八。

❼ 「仁學自敘」，《全集》，頁三一四。

❽ 「仲叔四書義自敘」，《全集》，頁三五。

❾ 「與沈小沂書」，《全集》，頁六一—六二。

❿ 「「望海潮」」，《全集》，頁二七七。

⓫ 「城南思舊銘」，《全集》，頁五〇一。

⓬ 同❼，頁四。

⓭ 我認為所謂「心路歷程」其實就是一個人心靈世界逐漸開展的過程，就具體分析上來說，就是如何在生命成長中所遇種種刺激挑戰之下，自覺地釐訂自己的人生目標，進而「自我實踐」的種種掙扎與奮鬪的歷程。另外，張灝以為心路歷程是指一個人在一生成長過程中所遭遇的各種處境，及因這些處境所相應而生的觀念、情感及內在的心靈世界。而所謂的「處境」，就個人生存的小範圍而言，可稱之為「生命的處境」，也就是一個人在其個人生命過程中所自覺到一些重要的事件或意義，例如：死亡、戀愛、疾病、重大挫折、特殊的考驗……等；就大的範圍而言，人的生存尚有「歷史的處境」，例如他所身處的時代、國家、社會、經濟所經歷的重大變遷、流行的思潮、當代的學風……等。透過內在心靈世界的探索，將有助於我們深入了解一個人的思想背景與心態。這是研究思想史很重要的分析方法之一。參見張灝《烈士精神與批判意識——譚嗣同思想之分析》，頁三及頁十五。另外，執教於淡江大學及中央大學中文研究所的龔鵬程先生，也曾提出一個相當重要的觀念，龔先生認為如欲確切地掌握一位人物的思想，深入分析他的人格形成的過程，以及身世、時代、身世、人格、思想的相關性，將會幫助我們釐清他思想發展脈絡與特性。龔教授將這種深入內在人格與思想文化之間關係的分析方法，稱之為「文化人格學」。龔先

生這一觀念，經常在他講授的「中國近代思想史硏專題」中出究提出，可惜至目前爲止，尙未將這套理論完整地建構，因此尙未形諸文字公開發表。但筆者認爲此一觀念深具價値，故特此附記。

⑭ 見「先妣徐夫人逸事狀」，全集，頁一九八。

⑮ 譚嗣同學佛以後，字佛生。見歐陽予倩編，《譚嗣同書簡》，卷三，「附錄二——歐陽中鵠書」，頁一二六、一三三、一三四、一三六、一三八等。（上海，文化供應社，民國三十七年十一月）。

⑯ 見「三十自紀」、「致汪康年梁啓超書一」、「畫像贊」。分見全集，頁二〇七、三七〇、五〇七。

⑰ 「三十自紀」，全集，頁二〇四。

⑱ 「仁學自敍」，全集，頁五。

⑲ 參閱「三十自紀」、「編後記」，分見全集，頁二〇七、五二九至五三〇。

⑳ 同⑰。

㉑ 「臨終語」，全集，頁五一二。

㉒ 「三十自紀」，全集，頁二〇五。

㉓ 「仲叔四書義自敍」，全集，頁一五六至一五七。

㉔ 「城南思舊銘」，全集，頁四九九—五〇〇。

㉕ 王船山，《周易外傳》，卷五，頁二五。

㉖ 王船山論史的著作很多，如《讀通鑑論》、《宋論》是大家所熟知的作品，此外如《春秋家說》、《黃書》、《噩夢》……等，其中亦不乏論史的文字。船山認爲歷史是不斷超越前代發展的，他反對退化的歷史觀，他說：「若謂古人淳樸，漸至澆譌，則至今日，當悉化爲鬼魅矣。」（見《讀通鑑論》，卷二十，頁一八。）

㉗ 譚嗣同的宇宙觀是承襲張載《正蒙》和王夫之「氣一元論」的思想進路發展而成的。他在「仁學自敘」中曾說明他思想淵源之一係來自張載與王夫之。至於如何承襲、轉化，請參閱本文第三章、第一節：「仁一元論」的建立。

㉘ 「嚴夷夏之防」的民族主義思想是王船山政治思想的核心之一。其民族意識非常強烈：「可禪、可繼、可革，而不可使異類間之。」（見《黃書》，頁二）同時帶有強烈的文化優越感，認爲夷狄不知禮義，無異禽獸：「亦惟不義無禮，無以愈於禽也，斯之謂夷。」「棄禮以爲功，是之謂狄」。（見《春秋家說》卷一，頁一八）。

㉙ 「仁學自敘」，全集，頁三—四。

㉚ 關於這點，請詳見本文第四章、第三節「譚嗣同社會倫理思想之剖析」。

㉛ 參閱楊廷福，《譚嗣同年譜》，頁三二。（香港，崇文，一九七二年）

㉜ 同㉛。

㉝ 在「仁學自敘」中譚氏有云：「墨有兩派，一曰『任俠』，吾所謂仁也，……一曰『格致』，吾所謂學也，……仁而學，學而仁，今之士其勿爲高遠哉！」可見他對墨子的推崇。

㉞ 梁啓超，《飲冰室詩話》，見楊家駱主編，《戊戌變法文獻彙編》之四，頁三四六。（鼎文，民國六十二年九月）。

㉟ 「唐才常譚嗣同致歐陽中鵠函」，全集，頁三三九。

㊱ 「義士售才常傳」，見《清議報》第五十八册，光緒二十六年閏八月一日。

㊲ 《仁學》，卷下，頁六七。

㊳ 《仁學》，卷上，頁五五。

㊴ 「入關二篇」，《譚瀏陽全集》，頁一八〇。（文海，民國五十一年十一月。）

㊵ 「報劉淞芙書」，《譚瀏陽全集》，頁六九。

41 小野川秀美，「譚嗣同的變革論——其形成過程」，見林明德、黃福慶合譯，《晚清政治思想研究》，頁一六七。（時報，民國七十一年五月）

42 「致劉淞芙書」，全集，頁三七六。

43 阮元對莊存與十分推崇，曾稱莊存與「獨得先聖微言大義於語言文字之外」。莊存與屬常州學派。

44 「與沈小沂書」，《譚瀏陽全集》，頁六一—六二。

45 「望海潮」，《全集》，頁二七七。

46 歐陽予倩云：「（譚嗣同）本是個貴公子，可是家庭生活不好，母親死得早，他爲庶母所歧視，婚姻也不滿意。」全集，頁五一九。

47 梁啓超謂：「（譚嗣同）弱冠從軍新疆，游巡撫劉錦堂幕府。劉大奇其才，將薦之於朝；會劉以養親去官，不果。」見全集，頁五二一。

48 關於這點，詳見本文第五章、第一節：「從華夏之道不可變到法之當變」。

49 「三十自紀」，全集，頁二〇六。

50 梁啓超，「譚嗣同傳」，全集，頁五二一。

51 同50。

52 「兒纜船並敍」，全集，頁四六一。

53 「罌粟米囊謠」，全集，頁四六二。

54 「六盤山轉饟謠」，全集，頁四六三。

55 「致劉淞芙書一」，全集，頁三七六。

56 同27。

57 詳見本文第四章、第一節「譚嗣同政治思想之分析」。

58 「湘痕詞八篇並敍」，全集，頁四五二—四五四。

59 在「城南思舊銘」中：「……曰鬼前來，予識汝聲，二十六年，汝唱予聽，予於汝舊，汝弗予攖」，全集，頁四九九—五〇〇。

60 譚嗣同對各種宗教普遍產生探索的興趣（或是說具有一種探究以求解答的心理需要），包括基督教、佛教、在理教以及非宗教但具出世意味的道家思想，還有儒家的治心之學。

61 詳見本文第二章、第三節「心力與衝決網羅」。

62 「三十自紀」，全集，頁二〇五。

63 參見段本洛著《譚嗣同》，頁一四。江蘇古籍出版社，一九八三年十月。

64 參閱楊廷福，《譚嗣同年譜》，頁六三。

65 同⑰。

66 同⑰。

67 「報貝元徵書」，全集，頁四〇七。

68 「上歐陽瓣薑師書」，全集，頁二九七。

69 同67。

70 同67。

71 「瀏陽興算議」，《湘報類纂》甲集（中），頁一一九。（光緒廿八年，中華）

72 「上歐陽瓣薑師書二十二」，全集，頁三一七。

73 同72，頁三一八。

74 梁啓超，《清代學術概論》，頁一五〇（水牛，民國六〇年五月）。

75 同72，頁三二〇。

76 同61。

77 同72，頁三三一八。

78 同51。

79 同50。

80 同50，頁五二五。

81 參閱《楊仁山居士遺著》册一，頁一一七。（金陵刻經處，民國八年）

82 同81，册四，《十宗略說》，頁四。

83 同72，頁三三一八。

84 同72，頁三三一九—三三二〇。

85 同72，頁三三二〇。

86 同50。

87 「仁學自敘」。

88 詳見本文第三章、第二節「仁學的思想理則：仁——通——日新——平等」以及第四章「譚嗣同變法思想之分析」。

89 梁啓超，清議報。

90 梁啓超，「仁學序」，全集，頁五一六。

91 樊錐，「發錮篇」，見《湘報類纂》甲集（上），頁三九。

92 徐仁鑄，「輶軒今語」，翼教叢編，卷四。

93 當時梁啓超與汪康年在上海辦時務報。湖南士紳恐汪不放人，熊希齡曾致函請當時在南京的譚嗣同親赴上海懇請汪康年讓出梁啓超，否則不恤與汪康年「逆而豪奪以去。」見「致汪康年書」，全集，頁三六六。

94 梁啓超，「清議報一百册祝詞並論報館之責任及本館之經歷」，《飲冰室文集》第六册，頁五二。

95 「湖南時務學堂學約」，《飲氷室合集文集》卷二，頁二三。
96 梁啓超，《清代學術概論》，頁一四〇。
97 同前註，頁一四〇—一四一。
98 「湘報館章程」刋報凡例第一條，《湘報類纂》丁集（上），頁一。
99 梁啓超，《戊戌政變記》，頁一三八。（中華，民國五十四年二月）
100 「南學大概章程」，《湘報類纂》丁集（上），頁五。
101 同99，頁一三七。
102 全集，頁九一一—一〇二。
103 同72，頁三〇三。
104 同31，頁一一一。
105 同50，全集，頁五二二。
106 同50，頁五二三。
107 同50，頁五二四。
108 「臨終語」，全集，頁五一二。

第三章　仁學的思想理則與批判意識

《仁學》一書是譚嗣同一生中最重要的學術著作，不僅代表他個人的哲學思想，同時也是他變法思想重要的依據：其政治理念、經濟主張、歷史觀、社會倫理思想所流露出的批判意識與革新觀念，均係以仁學思想爲核心。然而《仁學》的思想淵源相當駁雜，涉獵的範圍又非常廣泛，初讀之時，似不免令人感到其思路錯綜複雜，千頭萬緒，但若仔細加以分析，當不難發現其理論的建立有一定的思想理則，作爲仁學學說的理論核心，以聯繫其各相關理念成一整體。

「仁——通——日新——平等」是《仁學》的思想理則，爲譚嗣同的哲學及一切學術思想的「道一以貫之」的原則。「仁爲天地萬物之源」，欲求「仁」的實現，則必須能「通」，而「通」的具體表現就是「平等」；惟有眞正做到平等，才算是「通」，才算達到「仁」的境界，然而求仁是一種值得大家終極關切、永久致力的神聖工作，因此必須不斷地自我惕勵，日新又新地實踐力行，所以必須「日新」，以「日新」的精神來貫徹實踐「通」的功夫，達到「平等」，實現「仁」的理想。

譚嗣同首先以物理學的「以太」（ether）及傳統的「仁」來建立其「仁一元論」的哲

學思想，並以此「仁一元論」的思想爲基礎，來說明「仁——通——平等」之間的邏輯關係，以及現實宇宙中事物不停運動、發展、變化的「日新」觀念。最後，將這一切都歸之於人的「心力」，「心力」與「以太」、「仁」根本是相通的，一切「唯心」所造，所有問題都可由「心」解決，因而提出他一套「以心挽刼」的救世構想。

以下就分別以「『仁一元論』的建立」、「仁學的思想理則：『仁——通——日新——平等』」、「心力與衝決網羅」三節來逐一探討。

第一節　仁學的基本理論——「仁一元論」的建立

「嚴格言之，《仁學》作爲一本哲學作品而言，是相當的支蔓蕪雜。但是，儘管存在著這些缺陷，這本書大體上仍有其中心思想。什麼是《仁學》的中心思想？顧名思義，仁就是其中心思想。對於譚嗣同而言，仁首先是一種道德價值。……是儒家思想的精髓，是所有其他道德觀念的總滙」❶。

仁在譚嗣同的思想裏，不僅代表一種道德觀，更重要的是，它也代表一種宇宙觀，誠如他強調仁爲諸德之冠時所云：「天地亦仁而已矣。」❷這種仁的觀念，受張載和王夫之這一思想的傳承極深❸。原本這條思想脈絡相當清晰，然而卻被譚嗣同借用西學的「以太」作爲說明工具而讓人發生疑惑，造成學者對譚氏思想究竟是唯心論或是唯物論的爭辯。在此，我們必須將譚氏的思想加以釐清，看一看譚氏所謂的「以太」是什麼？「以太」與「仁」到底是什麼關係？

「以太」是英文 ether 一字的翻譯。是西方近代科學的一個很重要的觀念。最先提出這個觀念的是十七世紀的笛卡兒（Rene Descartes 1596-1650），他認爲物質與物質間的傳達需要一個媒介，這個看不見的媒介，他稱之爲「以太」❹。到了十九世紀英國物理學家馬克斯維爾（Max Well 1831-1879）在創立其電磁理論時，認爲太空中存在一種特殊的、無所不在的介質，是電磁過程的場所。這種理論在近代物理學中發生過很大的影響，當時的科學家相信它不但瀰布所有的空間，而且是傳播光、熱以及各種能量的媒介❺。這種假說直到物理學家愛因斯坦（Einstein, 1879-1955）的「相對論」提出後才被推翻。

譚嗣同受到傅蘭雅所譯《光學圖說》❻的影響，借用物理學上的「以太」，來說明宇宙整體和宇宙中的萬物都是由這一種基本質體所構成：

「徧法界、虛空界、衆生界，有至大之精微，無所不膠粘，不貫粘，不筦絡，而充滿一物焉。目不得而色，耳不得而聲，口鼻不得而臭味，無以名之，名之曰『以太』。」❼

在他的哲學思想中，「以太」是一種無色、無臭、無味、超感覺但卻充滿宇宙之間的最基本的「物」（具有物質性），宇宙中的一切都賴「以太」形成，「法界由是生，虛空由是立，衆生由是出」。「以太」是永恆存在的，因此萬物只有成毀和聚散，而無所謂生滅：

「不生不滅有徵乎？曰：彌望皆是也。如向所言化學諸理，窮其學之所至，不過析數原質而使之分，與並數原質而使之合。用其已然而固者，時其好惡，劑其盈虛，而以號曰某物某物，如是而已；豈能竟消磨一原質，與別創一原質哉？……譬於水加熱，則漸涸，非水滅也，化為輕（氫）氣養（氧）氣也，使收其輕氣養氣，重與原水等，且熱去而化為水，無少減也。譬如燭久燃則盡跋，非燭滅也，化為氣質流質定質也（氣體、液體、固體）。故收其所含之碳氣，所燃之蠟淚，所餘之蠟煤，重與原燭等，且諸質散而滋育它物，無少棄也。譬如陶埴，失手而碎之，其為器也毀矣；然陶埴，土所為也，方其為陶埴也，在陶埴曰成，在土則毀；及其碎也，還歸乎土，在陶埴曰毀，在土又以成；但有回環，都無成毀……。」[8]

上述這段引言說明了譚氏認爲物無自性，一切物性都是由於原質的數量及組合而決定，而且基於「物質不滅定律」，萬物只有成毀、聚散，宇宙的本體是不生不滅的。而「以太」似乎是一客觀存在的物質，他說：「任剖某質點一小分，以至於無，察其何物所凝結，曰惟以太。」[9]由上述觀之，譚氏之哲學思想似應屬於唯物論。但未必如此！依據譚氏所著「以太說」，有關以太的定義、功用除前文所述外，尚有更深一層的說明。他說明以太除了是構成宇宙的基本質體—「物」外，它更是一種有生命、有精神性的東西：人的五官、知覺都賴「以太」而發生功能，「眼何以能視，耳何以能聞，鼻何以能嗅，舌何以能嘗，身何以能觸？曰惟以太」[10]。就連個人骨肉血脈之「粘砌不散」，乃至於由一身所衍生出的人倫關係、社會組織、國家、天下也依賴「以太」之維繫。這些功能都不是以太的物質性所能做到的。因此，譚氏的以太所構成的宇宙觀是兼有物質性和精神性的。他藉西洋物理學的「以太」這個名詞來作說明其哲學思想的工具，同時也賦予「以太」一個中國哲學的內容——「仁」，並將「以太」與「仁」等同，認爲「以太」就是「仁」，「仁」就是「以太」：

「仁以通為第一義；以太也，電也，心力也，皆指所以通之具。」[11]

「以太也，電也，粗淺之具也，借其名以質心力。」[12]

「夫仁，以太之用。」[13]

「仁」不僅是「以太」之用，而且是古今中外各思想家、各宗教所倡道德理想的同一內容，只是名稱各異而已。他說：

「名之曰『以太』，其顯於用也：孔謂之『仁』，謂之『元』，謂之『性』；墨謂之『兼愛』；佛謂之『性海』，謂之『慈悲』；耶謂之『靈魂』，謂之『愛人如己』，……咸是物也。」[14]

既然譚氏視「以太」與「仁」同一，而「以太」是萬物的根源，是形成萬物、維繫萬物，使萬物發揮應有功能的基本質體；那麼「仁」也就是萬物之根源，也就是維繫萬物，使萬物各盡其功能的基本質體了！所以，仁學的理論體系，就是要建立以「仁」形成一切、統攝一切的「仁」的一元論；在此理論中「仁」代表一種道德觀（精神價值），也代表一種「生動實有」、肯定宇宙是一個眞實存在的宇宙觀（兼有物質性和精神性），在這個宇宙之中，仁（亦可說以太）充滿一切、瀰貫一切，永恆普遍地充塞天地之間，構成圓融和諧的整體，故云：「天地之間亦仁而已矣。」⑮又云：「仁爲天地萬物之源，故唯心，故唯識。」⑯所以，譚嗣同的《仁學》，其中心思想係環繞「仁」這一觀念而展開，透過「仁」的觀念找到世界和生命的意義——「合天地人我爲一體」，以「仁」來做爲萬有世界存在的根源與維繫之道，而仁既具如此高度的精神性，那麼其對宇宙本體的看法似不宜以「唯物論」視之。相反地，其思想顯示出相當濃厚的唯心傾向。他說：

「以太者，亦唯識之相分。」⑰

「以太者，……藉其名以質心力。」⑱

「仁為天地萬物之源，故唯心，故唯識。」⑲

依此看來，「以太」只是用來彰顯「心力」的一個假借，亦即是主觀意識之產物（唯識之相分），並不必是一客觀存在的物質，只是借來說明仁「所以通之具」而已。如此一來，似乎將「以太」的物質性一筆勾銷了；和前文引述「以太」爲一物的講法不免衝突。這種不統一的思想，適足以反應譚氏生存的時代背景與特色——西學傳入中國之初期，知識份子企圖調和中、西學術思想的嘗試。我們可看出譚氏想借物理學「以太」這個名詞進入他的哲學思想中來說明其合天地人我爲一體的理念，他企圖提昇「以太」爲精神的本體（仁），但卻又無法完全擺脫它的物質性。所以在仁學中他都將「以太」與「仁」混雜使用，並沒有嚴格地加以劃分。然而，揭開他所用的科學語言的外衣（例如：以太、電、光、質點、原點、吸力、熱力等），我們不難發現他的基本論點似乎承襲了張載和王夫之所闡揚的「氣一元論」

的傾向，幾乎可說是張載「氣一元論」的化身[20]。在傳統思想裏，「氣」是兼爲質體和力的一個觀念，而譚嗣同所說的「以太」既是質體，又是一種力或能量，在這一點上「以太」就很似「氣」，此外，「以太」又是一種有生命、有精神性的東西，因此，我們可以這麼說，譚氏的「以太」是披著西方格致之學的外衣，其內涵係以中國傳統儒家「仁」的理想爲核心，其性質與宋儒所謂的「氣」很相似。因此他的宇宙觀是建立在「仁」這個觀念的基礎上，以仁形成一切，統攝一切，並不僅是一物質架構而已，也同時代表一種道德理想。所以他的哲學，稱之爲「仁一元論」較爲恰當，其具備強烈的道德理想與唯心傾向就不難理解了。

「仁」既是譚氏哲學思想之核心，其《仁學》最基礎的理論是其所建立的「仁一元論」，那麼以「仁」爲基本而展現的萬有世界應該爲何？透過什麼樣的思想理則與實踐才能達到「仁」的追求？下一節將繼續加以探討。

第二節　仁學的思想理則：「仁——通——日新——平等」

依據譚嗣同「仁一元論」看來，「仁爲天地萬物之源」，「仁」的性質和「以太」一樣，具永恆普遍性，充塞於天地之間，無所不在，故云：「天地亦仁而已矣。」但「仁」的具體內容是什麼？他對「仁」的界說是：

「仁以通為第一義，以太也，電也，心力也，皆指出所以通之具。」

「智慧生於仁。」

「仁為天地萬物之源故惟心，故唯識。」

「仁，一而已。凡對待之詞，皆當破之。」

「徧法界、虛空界、衆生界，有至大之精微，無所不膠粘，不貫洽，不筦絡，而充滿一物焉。目不得而色，耳不得而聲，口鼻不得而臭味，無以名之，名之曰以太。其顯於用也，孔謂之仁，謂之元，謂之性。墨謂之兼愛。佛謂之性海，謂之慈悲。耶謂之靈魂，謂愛人如己，視敵如友。格致家謂之愛力、吸力，咸是物也。法界由是生，虛空界由是立，衆生由是生。」㉑

他的「仁」統攝了一切道德、智慧，孔、墨、佛、耶……各家各派標榜的道德，都是「以太」(仁)顯於用，「仁同而所以仁不同」。而「仁」的基本內容就是「通」，故云：「仁以通爲第一義」。「通」的目的，在求宇宙萬有的平等，相通爲一體。所以他說：

「仁以通為第一義。」㉒

「通之義，以『道通為一』最為渾括。」㉓

「通有四義：中外通……，上下通……男女內外通，人我通。」㉔

「通之象為平等。」㉕

「平等者，致一之謂也。一則通矣，通則仁矣。」㉖

以上所引，是從正面來看。如從反面來看，什麼是「不仁」呢？譚氏指出：

「仁與不仁之辨，於其通與塞。通塞之本，惟其仁與不仁。通者如電線四達，無遠弗屆，異域如一身也。故易首言元，即繼言亨。元，仁也；亨，通也。苟仁自無不通，亦惟通而仁之量乃可完。由是自利利他，而永以貞固。」㉗

綜合前述引文，可見譚氏認爲「通」而仁，塞而「不仁」，因此，欲求仁之實現必須打破一切對待，也就是必須「通」，而「通」的具體表現就是「致一」、「平等」，惟有「平等」，才算「通」，才達到「仁」的追求。因此，將之歸納，我們可得到「仁——通——平等」此一思想理則。

那麼要如何才能將「仁——通——平等」的理念化爲具體的行動以求實踐呢？譚嗣同於此提出了「日新」的重要性：

「……日新……新而又新之謂也。」㉘

「夫善至於日新而止矣，夫惡亦至於不日新而止矣。天不新，何以生？地不新，何以運行？日月不新，何以光明？四時不新，何以寒暑發斂之迭更？草木不新，豐縟者歇矣；血氣不新，經絡者絕矣；以太不新，三界萬法皆滅矣。』」㉙

「日新烏乎本？曰：『以太之動機而已矣。』」㉚

「夫大易觀象，變動不居，四序相宜，匪用其故。天以新爲運，人以新爲主，湯以日新為三省，孔以日新為盛德，川上逝者之歎，水哉水哉之取，惟日新故也。」[31]「天地以日新，生物無一不瞬新也。今日之神奇，明日以腐朽，奈何自以為有得，而不思猛進乎？」[32]

譚氏強調「日新」的觀念是由其「微生滅」的觀點推出。他雖認爲宇宙的本體是「不生不滅」的，只有「聚散」而無「生滅」，但他仍肯定現實宇宙萬有是不停的變化與發展，而宇宙中一切的變動都是在「不生不滅」的「以太」中變化，他稱此爲「微生滅」[33]，並藉此「微生滅」而轉化出對現實宇宙中事物之不斷運動、變化、發展予以肯定的看法。他說：「求之過去，生滅無始，求之未來，生滅無終，求之現在，生滅息息。」[34]「日日生者，實日日死。天曰生生，性曰存存，繼繼承承，運以不停。」[35]既然，宇宙萬有之事事物物不停運動，所謂生滅息息，「運以不停」即是「日新」：「以太之動機，以成乎日新之變化，夫固未有能遏之者也。」[36]既然「天地以日新」，那麼在求仁、行仁的努力中，能不思猛進、日新又新嗎？因此，他非常強調日新。基於「日新」的體認，形成了譚氏進化的歷史觀，就整體而言，地球上的一切都是進化的，故云：「吾知地球之運，自苦向甘。」[37]就個別而言，人類也是進化的，所謂：「人之聰秀後亦勝前。」[38]這種進化的歷史觀使他對國人保守「崇古」的風氣表示不滿：「古而可好，又何必爲今日哉？」[39]而且一味的好古守舊實爲「不仁之甚」，「自斷……生……機，……終成……一殘朽不靈之廢物」[40]。對於老子「柔靜」的思想也痛加撻伐，認爲老子倡柔靜思想，造成中國人不振作奮發，幾臨亡國滅種之危機[41]，而相反地，「西人喜動而霸五大洲」[42]。他因此希望以「動」、「日新」來激勵國人快快奮起革新。

綜合上述，我們可得知譚嗣同的《仁學》雖然內容駁雜，但仍有其一貫的脈絡可尋，其道一以貫之的思想理則可歸結爲「仁——通——日新——平等」這一形式。「仁」是一切之根本，也是必須全力追求的理想，欲求「仁」的實現，必須以「通」來打破一切不當的對待，而在實踐的過程中，須以「日新」之精神時時惕勵以求貫徹，而「通」的具體實現就是「平等」，如此，求仁而得仁，使天地萬物人我皆合於「仁」。

「仁——通——日新——平等」不僅是貫穿《仁學》的思想理則，更同時是譚嗣同從事變法，提出各項政治、經濟、社會倫理改革的行動綱領；其變法思想的提出，政治參與的種種，及其對現實界流露出強烈的批判意識，幾乎都可從「仁——通——日新——平等」的思想理則中找到密切的關聯。因此，此一思維形式不僅是他《仁學》乙書的思想理則，也同時是他提出種種變革方案的重要指導綱領，是其從思想邁向實踐不容忽視的重點。

第三節　仁學的道德理想與批判意識——心力與衝決網羅

「心力」在譚嗣同的《仁學》思想中佔有極重要的地位，是貫穿《仁學》的中心思想。他對心的重視，來自於他積極救世的淑世情懷及其由個人特殊生命處境所孕育出的宗教心靈。他在《仁學》界說中自敍其思想來源云：

「凡為仁學者，於佛書當通華嚴及心宗、相宗之書，於西書當通新約及算學、格致、社會學之書，於中國當通易、春秋公羊傳、論語、禮記、孟子、莊子、墨子、史記及陶淵明、周茂叔、張横渠、陸子靜、王陽明、王船山、黃黎洲之書。」㊸

由這些思想來源來看，有關宗教及儒家「治心」的相關素養佔了相當大的比例。因此，在他《仁學》的思想中，常顯示出強烈的唯心傾向，例如佛教相宗的「三界唯心，萬法唯識」，華嚴的「一切入一，一入一切」，「一多相容」，「三世一時」等觀念㊹都在《仁學》中出現。

一八九六年譚嗣同北遊訪學時，道經上海，曾訪問英國學者傅蘭雅，「適値其回國，惟獲其所譯《治心免病法》一卷，讀之不覺奇喜」㊺，使譚氏對基督教的興趣也大爲提高。這本書係美國人 Henry Wood 原著，內容爲宣揚「心靈治病」的觀念，認爲「天父造身，所以爲心也，心器身以行意，是以心爲身之主」㊻，因此，「欲治身，必先治心」㊼，從而「復心之原，以合天心」㊽。因此，《治心免病法》強調：「考各國方藥，俱以爲藥力，能加入人身，改弱爲強，不知人心卽天心之一小分，如能恃天理而爭阻，則自務恃天力而治病，又焉用藥。」㊾譚氏對「人心卽天心」，「恃天理、天心而治病」的心力看法，十分激賞，認爲其境界「已入佛家之小乘法，於吾儒誠之一字，亦甚能見到」㊿。

結束北遊訪學後，譚氏對「心」的信念益發堅定。他在與一封給老師歐陽瓣薑的信中，說明了他對「心力」所抱持的信念：

「人為至靈，豈有人所做不到之事？……因念人所以靈者，以心也。人力或做不到，

> 心當無有做不到者。……自此猛悟，所學皆虛，惟一心是實，心之力量，雖天地不能比擬，雖天地之大，可以由心成之、毀之、改造之。」[51]

卅歲以後，譚氏與楊文會學佛，思想擴及大乘佛教，他更發現心靈的力量可促使我們認識生命的眞諦，化解人類的痛苦，拯救人類與世界。因此，他認爲「心力」的顯現是在以「斷意識」、「通人我」、「直見心之本源」，能促使「仁」的發揮，以對世人作積極服務的正面貢獻，正所謂：「腦氣所由不妄動，而心力所由顯，仁矣夫。」[52]如若妄動機心，則將「自攖攖人，……流衍無窮」，製造刼運，對世界有害。根據這種對心的信念，譚氏認爲當時中國之所以禍亂，即因「人心多機械」而製造「刼運」，但這一切「既由心造，自可以心解之」，他說：

> 「大刼將至矣，亦人心製造而成也。西人以在外之機器製造貨物，中國以在心之機器製造大刼。……無術以救之，亦惟以心救之，緣刼旣由心造，亦可以心解之也。」[53]

具體之法在於「重發一慈悲之念，……則天下之機，皆可泯也」[54]。因爲「慈悲則我視人平等，而我以無畏；人視我平等，而人亦以無畏。無畏則無所用機矣」[55]。因「慈悲」能渡人出「機心」免「刼運」，故云：「慈悲爲心力之實體。」[56]由上述引文看來，譚氏對心的信念是來自一種宗教情操與體驗，希望發揮對全人類的關懷，挽救整個世界。他對自己有一份自我期許：

「嗣同既得心源，便欲以心度一切苦惱衆生，以心挽刼者，不惟發願救本國，並彼極强盛之西國，與夫含生之類，一切皆度之。心不公則道不進也。佛說出三界，三界又何能出？亦言其識與度而已。」㊼

譚氏在這樣的宗教心靈的救世情懷下，認爲「三界爲心，萬法唯識」，一切既由心造，一切問題亦可由心解決。「心力」相通亦即「仁」的實現，所以「心」就成爲「仁」具體而根本的內容，故云：「仁爲天地萬物之源，故唯心，故唯識」。而「以太」只是用來說明「心力」的一個假借，所以說：「以太也，電也，粗淺之具，借其名以質心力」。因此，「心力」（慈悲為其實體）是《仁學》思想最高的要求與目標，既然一切皆決定於心，人就應盡心盡力奮鬪，以達仁的實現。然而何其不幸，在人世間處處都是「名」的籠罩和桎梏，彷彿佈下了一層層天羅地網，因此，如欲完滿地體現仁，救中國乃至救全世界之衆生，必須不惜「殺身破家」衝決網羅：

「網羅重重，與虛空而無極；初當衝決利祿之網羅，次衝決俗學若考據、詞章之網羅，次衝決全球羣學之網羅，次衝決君主之網羅，次衝決倫常之網羅，次衝決天之網羅，終將衝決佛法之網羅。」㊽

當重重網羅衝決、掃除後，仁的精神——「通天地萬物人我爲一身」，以及「以心挽刼」救中國、救世界人類的志業才得以實踐。由此可見譚嗣同的《仁學》含有一種強烈的批判意識與勇於實踐的性格，使得他對國家社會懷有一種強烈的使命感與參與感，「書齋式的思辨」與關懷是無法滿足他的，他必將走向從事實際變革的道路！

附註

❶ 見張灝著：《烈士精神與批判意識——譚嗣同思想的分析》、臺北、聯經、七十七年五月初版。頁八十九。

❷ 見《譚嗣同全集》、《仁學》、卷上、頁十三。

❸ 同❶、參見張著第六章〈譚嗣同的仁學〉、頁八九～一二九。在該章中，張灝將譚嗣同如何受到張載《正蒙》、王夫之「氣一元論」的影響作了詳細的分析，極具參考價值。另外，譚嗣同在《仁學》自敍其思想淵源亦坦承其學說深受張載、王夫之之影響，他說：「凡爲仁學者，……於中國當通易、春秋公羊傳、論語、禮記、孟子、莊子、墨子、史記及陶淵明、周茂叔、張橫渠、陸子、王陽明及黃黎洲之書。」譚氏不但在《仁學》中經常引用王夫之的言論，並特別將其收錄而合成〈王船山的學術思想與仁學〉一文《見湖南文獻季刊》，第五卷第二期），其對船山之推崇可見一斑。

❹ 參見 Encyclopedia Britannica 1959 年版，Vol.8,P747. London。

❺ 參見 A.N. Whitehead, Science and the Modern World (Cambridge University Press, 1953), P163。

❻ 「以太」說傳入中國較晚，光緒十六年傅蘭雅在他翻譯出版的《光學圖說》中曾簡略地介紹「以太」說，後來又陸續在《光學須知》、《熱學須知》等書中加以介紹，頗爲當時維新派知識份子

接受。

❼ 見《仁學》、卷上、頁九。

❽ 同❼、頁廿二～廿三。

❾ 見《仁學》、卷上、頁十。

❿ 見《仁學》、卷上、頁九。

⓫ 見《仁學》、卷上、頁六。

⓬ 同⓫。

⓭ 見《仁學》、卷上、頁四十八。

⓮ 見《仁學》、卷上、頁九。

⓯ 見《仁學》、卷上、頁十二。

⓰ 見《仁學》、卷上、頁七。

⓱ 見《仁學》、卷上、頁四十八。

⓲ 同⓬。

⓳ 同⓰。

⓴ 同❻。

㉑ 《仁學》卷上、頁六。

㉒ 同㉑。

㉓ 同㉑。

㉔ 同㉑。

㉕ 同㉑。

㉖ 同㉑。

㉗《仁學》、卷上、頁五。

㉘《仁學》、卷上、頁卅五。

㉙同㉘。

㉚《仁學》、卷上、頁卅六。

㉛全集、頁三八七、〈報貝元徵書〉。

㉜全集、頁三一七、〈上歐陽瓣薑師書〉之廿二

㉝所謂「微生滅」係「以太中自有之微生滅也」。見《仁學》、卷上、頁廿八。

㉞同㉝。

㉟《仁學》、卷上、頁卅二。

㊱《仁學》、卷上、頁卅八。

㊲《仁學》、自敍、頁五。

㊳《仁學》、卷上、頁四十七。

㊴《仁學》、卷上、頁卅六。

㊵《仁學》、卷上、頁卅五。

㊶譚氏對老子的靜柔主張表示強烈的不滿，對「靜柔」有不少批評例如：「李耳之術亂中國也，柔靜其易知也。（見《仁學》、卷上、頁卅八）「烏知有李耳出，言靜而戒動，言柔而毀剛！……卒使數千年來成乎……鄉愿天下！……教安得不亡，種類安得可保也！嗚呼！……哀中國之亡於靜」。（見《仁學》、卷上，頁卅六～卅七）。

㊷《仁學》、卷上、頁卅七。

㊸《仁學》，卷上，頁九。

㊹《仁學》，頁廿八—卅四。

45 《全集》，〈上歐陽瓣薑師書〉，頁三二〇。

46 《治心免病法》，傅蘭雅譯。上卷，序。

47 同46。

48 同46。

49 同46。

50 同45。

51 同45，頁三一九－三二〇。

52 《仁學》，卷下，頁八十三。

53 同45，頁三二六－三二七。

54 同53。

55 《仁學》，卷下，頁七十四。

56 同55。

57 同45。

58 《全集》，頁四，仁學自敘。

第四章　譚嗣同變法思想之剖析

——現實關懷及對傳統的反省

從《仁學》的思想理則及衝決網羅，以心挽刼的悲願中，我們可深刻地感受到譚嗣同對現實政治、社會懷著強烈的不滿、關懷以及變革的熱望。其「仁——通——日新——平等」的思想理則與其變法思想有極密切的關聯，可說是他種種變法思想形成的重要思維綱領。

譚嗣同的變法思想主要可分就三方面來探討：一、反專制倡民權的政治思想。二、「黜儉崇奢」的經濟思想。三、基於平等、自主的社會倫理思想。三者息息相關，滙聚爲譚嗣同變法思想的內容。

值得注意的是，在譚嗣同的變法思想中常出現許多理想與現實差距過大的尖銳矛盾，譬如世界主義與種族主義的衝突、排滿革命與變法改革的衝突，嚮往法國式民主卻又深感中國民智低落而放棄民主革命……。他想盡力化解這些矛盾，但十分困難，最後迫於當時中國歷史條件的限制，在行動上，他選擇了改革的路線。然而，在他的思想中卻含有相當強烈的革命意識，可說是徘徊於變法與革命之間，旣公開主張變法又暗中傳播革命思想的悲劇人物。

或許，我們可以說他的思想矛盾與內心掙扎正代表了晚清政治思想發展趨向由變法走向革命的過渡？

以下我們分就政治、經濟、社會倫理三節來逐一剖析譚氏的變法思想。

第一節　譚嗣同政治思想之剖析

基於「仁——通——日新——平等」的思想理則，我們將之運用於政治層面來評析，將發現譚嗣同的政治思想將可區分為兩個層次，一是「理想政治」的層次；亦即他所嚮往的最高政治境界；一是「實際政治」的層次；亦即依據他的思想理則，對當時實際的政治現象及具體問題提出批判、檢討及興革之道。

精簡而言，譚氏政治的最高理想是具濃厚理想主義色彩的大同世界，是一人人自由、平等、均貧富、無國界，一切衆生普遍成佛的理想世界。此一思想乃是深受康有為的「大同思想」及佛教世界主義精神的影響。這種烏托邦式的理想，在現實世界幾乎不太可能實現，因此，除高標理想之外，必須具體地就政治實況指出弊端，提出改革意見。其「實際政治」的主要思想內容為：一、提倡「君為末民為本」的民權思想，並對君主專制提出批判。二、進一步地對中國君主專制的思想基礎（支撐的理論）——名教加以批判。三、激烈反對異族政權統治中國，主張排滿。四、同情基層民衆，並為基層民衆武力反叛政府的行為作辯護。五、主張以士階層為主力從事變法以救國，寓革命思想於變法之中。

現分別析論如下。

首先，來看譚氏的最高政治理想。其政治理想係以「世界大同」爲最終目標。他描述其理想社會爲：

「地球之治也，以有天下而無國也。莊曰：『聞在宥天下，不聞治天下。』治者，有國之義也。曰在宥，蓋自由之轉音，旨哉言乎！人人能自由，是必為無國之民。無國則畛域化，戰爭息，猜忌絕，權謀棄，彼我亡，平等出，且雖有天下，若無天下矣。君主廢，則貴賤平，公理明，則貧富均。千里萬里，一家一人。視其家，逆旅也。視其人，同胞也。父無所用其慈，子無所用其孝。兄弟忘其友恭，夫婦忘其倡隨。若西書中百年一覺者，殆彷彿禮運大同之象焉。」❶

他又說：

「吾言地球之變，非吾之言；而易之言也。……於春秋之世之義有合也。……天下之治也，則一切衆生，普遍成佛。不惟無教主，乃至無教。不惟無君主，乃至無民主。不惟渾一地球，乃至無地球。不惟統天，乃至無天。夫然後至矣，盡以，蔑以加矣。」❷

他並將春秋三世以易乾卦來解釋，我們可將譚氏以乾卦六爻的內卦與外卦，來解釋春秋三世，並附以人的成長比擬，現以如下簡表說明之❸：

卦名	三世名	時期	政治、社會現象	比擬於人
內卦（逆三世）	太平世（元統）	洪荒太古	無教主，亦無君主，氓之蚩蚩，互爲酋長	初生
	升平世（天統）	三皇五帝	漸有教主君主矣，然去民尚未遠也	童穉
	據亂世（君統）	三代	君主始橫肆，教主乃不得不出而劑其平，故詞多憂慮	冠婚
外卦（順三世）	據亂世（君統）	孔子之時至於今日	上不在天，下不在田，或者試詞也	壯年
	升平世（天統）	大一統	地球羣教，將同奉一教主；地球羣國，將同奉一君主	知天命
	太平世（元統）	民主	合地球而一教主，一君主，勢又孤矣。人人可有教主之德，而教主廢人人可有君主之權，而君主廢	功夫純熟（從心所欲不踰距）
用九	天德不可爲首	無迹象	天下治也，則一切衆生，普遍成佛，不惟無教主，乃至無教，不惟無君主，乃至無民主，不惟渾一地球，乃是無地球，不惟統天，乃至無天；夫然後至矣盡矣，蔑以加矣。	

那麼要如何去實踐「世界大同」的理想呢？他指出應謀求教、政、學的統一。所謂「教」的統一，係主張以佛教爲世界統一之宗教：「言佛教，則地球之教，可合而爲一。」❹所謂「政」的統一，係以三代「井田制」的理想來統一世界之政：「盡改民主以行井田，則地球之政，可合而爲一。」❺所謂「學」之統一，係主張以併音文字來統一世界之學：「盡改象形字爲諧音，各用土語，互譯其意，朝授而夕解，彼作而此述，則地球之學，可合而爲一。」❻他認爲如透過政、教、學的統一，將可達到他世界大同的理想。

由譚氏的政治理想來看，他顯然深受康有爲以公羊春秋三世進化論來推究理想社會的影響，同時，佛教世界主義的精神也是其政治理想中不可缺少的重要依據。他說：「（政治理想）不惟發願救本國，並彼極強盛之西國，與夫含生之類，一切皆度之。」❼可見他那種「通天地萬物人我爲一體」的世界精神及「慈悲爲心力之實體」的宗教意識。但畢竟烏托邦的色彩太濃，在現實世界殊難實現，因此，必須先就人力所及者，對實際政治提出改善主張。

譚氏所面臨的現實處境正是中國「國與教將皆亡矣」的危急之秋，而統治者滿清政府又是一君主專制政體的異族政權，而且面對內憂外患均提不出一套有效的對策，因此，譚氏以其「仁——通——日新——平等」的思想理則，提出對政治問題的現實關切：

一、發揮儒家優良傳統「君末民本」之思想，強力抨擊君主專制之不合理，打破「君權天授」觀念，而代之以「君權民授」的進步觀念。激勵人民有反對「君統」的勇氣。他說：

「君，末也；民，本也；天下無有因末而累及本者，豈可因君而累及民哉！……故死節之說，未有如是之大悖者矣！君亦一民也，且較之尋常之民而更為末也。……請為

一大言斷之曰：『止有死事的道理，決無死君的道理。』」❽

他又說：

「生民之初，本無所謂君臣，則皆民也。民不能相治，亦不暇治，於是共擧一民以為君。」❾

「君也者，為民辦事者也；臣也者，助民辦事者也。賦稅之取於民，所以為民辦事之資也。」❿

「夫曰共擧之，則且必可共廢之。」⓫

「非君擇民，而民擇君也！」⓬

由上述引言綜合看來，譚氏的民本思想有下列幾點特色：

㈠君爲末，民爲本。人民是構成國家的根本，「吾不知除民之外，國果何有？⓭」因此，「人民是政治的目的，人君不過是一種工具……而已，因此，一切政治活動當爲人民而非人君。」⓮

㈡君或臣，是爲民服務的，所謂「爲民辦事」。其權力來源係由人民推擧而來，所以眞正的主權在人民不在君主或官僚。而所謂「君權天授」的政治神話就不應存在了！正確的說法應是「君權民授」，因爲「夫曰共擧之，則且必可共廢之」。換言之，基於「君權民授」的理念，人民擁有「廢君」、「擇君」之權！因此，君之統治應基於民之同意，否則人民有權廢立君主。

㈢人民既爲國家的根本，因此，君主行使權利爲民辦事應有其一定限制，絕不可累及爲本的人民。

㈣因爲「君爲民辦事者也」，「臣助民辦事者也」，因此絕無「死君」的道理，只有殉事、爲民的道理。換言之，只有爲國、爲民、爲理想而犧牲的道理。

譚氏的「君權民授」、「民本君末」思想，大體而言係立論在儒家民本思想上進一步的發揮，此一傳統可上溯尚書「民惟邦本、本固邦寧」之語，及孟子「民貴君輕」的理論，於近世則承續了黃宗羲的「原君」及王船山「天下非一姓之私」的公天下理想，在近代西方民主政治思想尚未傳入中國的時代背景下，譚氏的「君權民授」、「君末民本」、「擇君、廢君」的思想，可說是我國傳統民本思想中最具民權意識者！對摧毀專制君主「挾一天以壓制天下」的謬說極具震撼力，激勵了人們反抗君統的勇氣。

二、強烈批判君主專制之不合理，並對君主專制的支撐理論——「名教」痛予批駁，以期徹底打破「君爲臣綱」的困厄，促使人們從不合理的名教束縛中掙脫出來，重新檢討政治上的本末關係。

譚氏指出君主專制私天下、逞慾妄爲的「黑暗否塞」：「(君主)視天下爲其囊橐中之私產，而犬馬土芥乎天下之民也。」⑮又說：「二千年來君臣一倫，尤爲黑暗否塞，無復人理，沿及今茲，方愈劇矣！」⑯其根本原因在於專制君主利用「名教」來作奴役人民的工具，以「三綱」壓制人民，「不惟關其口使不敢昌言，乃並錮其心使不敢涉想」。他說：

「俗學陋行，重言名教，敬若天命，而不敢渝。……以名為教，……由人創造，上以制其下，而下不能不奉之，則數千年來，三綱五倫之慘禍酷毒由此矣。君以名桎臣，官以名軛民，父以名壓子，夫以名困妻，兄弟朋友各挾一名以相抗拒，而仁尚有存焉者得乎？……故不能不有忠孝廉節，一切分別等差之名。……忠孝既為臣子之專名，則終不能以此反之，雖或他有所據，意欲詰訴，而終不敵忠孝之名，為名教之所上。……名之所在，不惟關其口使不敢昌言，乃並錮其心使不敢涉想。」⑰

這種人爲的不平等，必須打破，因此，他主張以合於自由、平等精神的「朋友之倫」爲基礎，廢四倫以建立社會新倫理：

「五倫中於人生最無弊而有益，……其惟朋友乎？顧擇交何如耳，所以者何？一曰『平等』，二曰『自由』，三曰『節宣惟義』。總括其義，曰不失自主之權而矣。」⑱

因此，宜打破名教之不平等，重建自由、平等之新倫理，他說：「夫朋友豈眞貴於餘四倫而已，將爲四倫之圭臬。而四倫咸以朋友之道貫之，是四倫可廢也。」⑲而此一倫理的革新實爲政治革新的基礎，必須加以注意：「今中外皆侈談變法，而五倫不變，則與凡至理要道，悉無從起點，又況於三綱？」⑳因此，唯有打破名教的不合理，才能徹底打破君主專制的理論依據，才可改造人心，從事政治變革。

第三、激烈反對異族統治中國，主張排滿，高唱漢民族主義。

在譚嗣同的政治評價裏，君主專制固然「黑暗否塞，無復人理」，但還有比君主專制更壞的政治，那就是異族統治中國。因爲漢族的君主專制至少還「同爲中國人，同爲孔敎人」，而異族則不然。他批判國史上異族統治之害：

「天下為君主之囊橐中之私產，不始今日；固數千年以來矣。然而有知遼金元之罪，浮於前此君主者乎？其土則穢壤也，其人則羶種也，其心則禽心也，其俗則毳俗也。一旦逞其凶殘淫殺之威，以攫取中原之子女玉帛，……猶以為未饜，錮其耳目，桎其手足，壓制其心思，挫其氣節。」㉑

遼、金、元如此，滿清更是如此，以「素不知中國，素不識孔敎之奇渥溫、愛新覺羅諸賤類異種」㉒，入侵中國，「馬蹴中原，中原墟矣，鋒刃擬華人，華人靡矣，乃猶以爲未饜」㉓；更施以暴虐高壓之政策：「錮其耳目，桎其手足，壓迫其心思，絕其心思，窘其生計，塞蔽其智術。……夫古之暴君，以天下爲己之私產止矣，彼起於游牧部落，直以中國爲其牧場耳，苟見水草肥美，將盡驅禽畜，橫來呑噬。」㉔因滿清不以平等待漢族，因此，譚嗣同也不以「仁——通——平等」的思維待滿清政權，而提出強烈地排滿思想。他說：「吾願華人，勿復夢夢謬引以爲同類。」㉕主張漢族民族自覺，劃清滿漢民族界限。同時指出滿清政府「寧爲懷慜徽欽（不惜亡國），而決不令漢人得志」㉖的心理，讓漢人了解漢清政府不僅是迫害漢族的異族政權，同時也是爲壓制漢人力量不惜斷送國家前途的腐敗政權。這種思想如再加推衍，很可能會爆發出種族革命；可說與「排滿革命」的主張僅僅一線之隔。

第四、同情基層民衆，並爲基層民衆以武力反抗政府統治的行爲加以辯護。他對洪楊革命予以同情：

「洪楊之徒，苦於君官，挺而走險，其情良足憫焉。……且民而謀反，其政法之不善可知，爲之君者，猶當自反。藉曰重刑之，則請自君始。」㉗

因此，他對於協助清廷擊敗太平軍的湘軍中與將領們表示憤慨，認爲湘軍自屠其民有餘，不足以禦外侮，令人恥惡：

「中國之兵，固不足禦外侮，而自屠其民則有餘。自屠割其民，而方受大爵，膺大賞，享大名，瞯然驕居，自以爲大功，此吾所以至恥湘軍不須臾忘也。」㉘

他甚至於主張「志士仁人」效法「陳涉之抗暴」、「楊玄感之起義」，以拯救苦難之民衆，「若其機不可乘，則莫若爲任俠，亦足以伸民氣，倡勇敢之風，是亦撥亂之具也。」㉙譚嗣同的排滿思想以及爲平民反政府行爲作辯護，幾乎近於倡言種族革命及平民革命了，但畢竟不是革命，只能說有革命的強烈傾向，或高度的革命意識，但在具體的實踐方法上，他選擇了變法來作爲救國保教的手段。

第六、主張以士階層爲主力，從事變法以救國，但孕藏革命思想於變法之中。甲午戰後，列強對中國侵略日益加深，時時均有被瓜分的危機，亡國滅種迫在眉睫。

「師夷長技以制夷」的洋務運動，在甲午一役證實了僅靠「船堅礮利」的軍事西化，並不能拯救中國，根本之道，當於政治、制度層面作一革新。變，是必然的原則，但如何變呢？是採取激烈的喚起基層民衆，從事排滿革命呢？還是以士階層爲主力，主持既有政權，從事變法維新呢？在這一條交叉口上，譚嗣同面臨了抉擇。

如依據其《仁學》的強烈批判意識、衝決網羅的叛逆精神，「仁——通——日新——平等」的思想理則，以及反君主專制、反清、排滿的種種思想來推論，譚氏似應會主張排滿革命的；但爲什麼激進的步調到了「革命或變法」的交叉口，他反倒抉擇了變法？這很可能是迫於當時的歷史條件限制，不得不採變法之途。最主要的原因當在於民衆的知識水準普遍低落，愚昧的民衆不僅無法立刻成爲推動改革的主力，甚至於有時會成爲改革的阻力[30]，如當時我國民衆知識水準之高一如法國，或許譚氏有直接採革命之可能。他說：「法人之改民主也，其言曰：『誓殺盡天下君主，使流血滿地球，以洩萬民之恨。』……夫法人之學問，冠絕地球，故能唱民主之義。」[31]可是，民智未開的中國，實在不具備平民民主革命的條件，換言之，一般民衆在當時尚不足以爲革命之主力，惟一較有把握可將之塑造爲革新者的階層當爲士階層，因此，他主張以士爲變法主力：「欲議變法，必先自士始。欲自士始，必先變科舉。」[32]以新知、實學改造士階層來成爲推動變法的主力。更何況時代危機逼迫中國必須要變，革命，歷史條件不足，亡國，更非所願，於是唯一可行之道只有變法！才能將中國從「國與教將偕亡矣」的命運中解救出來。他肯定變法的價值，認爲可使民智、民富、民強、民生：

「方將愚民，變法則民智；方將貧民，變法為民富；方將弱民，變法則民強；方將死民，變法為民生。」㉝

如果實行變法，卽使不能扭轉大局，亦可以「開風氣、育人才，……留黃種之民於一線」㉞。譚氏並提出他的變法主張：如興學校、開議院、變科舉、改官制、練海陸軍、開礦產、造鐵路輪船、立商部商會、更改刑律、預算、決算、稅制，進而去漕運、河工之弊，謀求鑄錢、鈔票之利。可說各種庶政改革均在其考慮之內。其中有兩點深值注意，一是說變法應以改變「三綱五常」的關係爲起點，建立自由、平等的新人倫；一是說變法的實行應從「變衣冠」、「便言語」、「儉禮俗」、「去薙髮」㉟等習俗制度著手。自由、平等的新人倫的建立，已寓民主理想於其中，而「變衣冠」、「去薙髮」表面上看似乎只是禮俗改良，但在中國歷朝革命，改朝換代之後亦有變衣冠等革新事項，所以說，亦寓革命之意於禮俗革新之中。

總之，譚嗣同的政治思想，可說徘徊於變法與革命之間，是一位既倡變法又傾向於革命的人物，依其思想推衍，其終極意向是要走向排滿革命的道路，可是受到當時歷史條件的限制，才不得不變法，並寓革命思想於其變法主張之中，他自由平等及反清的思想，啓發了許多年輕的一代，日後紛紛成爲革命陣營中的鬭士。可說是一位促使晚清政治發展趨向由變法走向革命的過渡人物！（有關其變法的具體作法，留待本文第五章：「譚嗣同變法策略之分析」再作進一步地討論。）

第二節　譚嗣同經濟思想之剖析

譚嗣同的經濟思想亦是其救國方案中極重要的一環。目前，學者們對於譚嗣同的經濟思想，尚未作過有系統與較深入的研究，因此筆者不揣淺陋，將其經濟作一探究[36]，譚氏的經濟思想最主要的內容，就是主張「黜儉崇奢」。這「黜儉崇奢」四字，與我國固有傳統經濟思想以及晚清以來如馮桂芬、湯壽潛、張之洞、嚴復……等大多數人主張的「黜奢崇儉」在字面上不僅相異，簡直相反！其所謂「黜儉崇奢」之經濟觀到底是另有深意或有何特殊解釋？其想法是否具有實用價值？是否合於時代需要？在中國近代經濟發展史上有何意義？相信這是值得關切的問題。

事實上，譚嗣同「黜儉崇奢」的經濟思想，有其一定的思想依據及基礎，並非空言幻想，而是基於其「仁——通——日新——平等」的思想理則，反省當時的經濟問題後所提出的求富策略。他以尚動的精神及樂利的觀念（追求財富與利潤），主張積極開發富源，創造財富來解決經濟問題，希望達到人人可奢，人之性盡、物之性盡，以謀經濟改革乃至於人性的提昇。其具體作法爲：一、強調應大量機器化，以惜時，並提高生產效率。二、主張對外通商，進而對外進行「商戰」，以爭取經濟權益的「反敗爲勝」。三、主張扭轉時人不當觀念，力求實務之學，振興工商來救國。四、主張採國際合作方式來換取經濟建設之機會。五、除發展經濟之外，並以經濟發展帶動民權的發展，以求國家整體之進步。現逐一析論如下。

由於譚嗣同的思想崇尚「動」，因此，他對於自古以來中國傳統崇尚的「靜」大爲不滿，對此，他提出了強烈的批判：

「天行健，自動也。天鼓萬物，鼓其動也。輔相裁成，奉天動也。君子之學，恒其動也。……夫善治天下者，亦豈不由斯道矣！夫鼎之革之，先之勞之，作之興之，廢者舉之，敝者易之，飽食煖衣而逸居，則懼其淪於禽獸；烏知乎有李耳者出，言靜而戒動，言柔而毀剛！……以自遁而苟視息焉，固亦術之工者矣；烏知乎學子術焉，士大夫術焉，諸侯王術焉，浸浸淫淫而天子亦術焉，卒使數千年來成乎似忠信似廉潔一無剌無非之鄉愿天下！言學術則曰『寧靜』，言治術則曰『安靜』。處事不計是非，而首禁更張；躁妄喜事之名立，百端由是廢弛矣。……力制四萬萬人之動，縶其手足，塗塞其耳目，盡驅以入契乎一定不移之鄉愿格式。夫羣四萬萬之鄉愿以為國，教安得不亡，種類安得可保也！嗚呼！……哀中國之亡於靜……。」[37]

不知創新求變的「柔」與「靜」，害得中國成一四萬萬人之鄉愿國，譚嗣同痛心地指出，中國亡於「靜」。這種「靜」反映於經濟活動及現象則是「儉」，譚氏對此提出更進一步的批判：

「李耳之術亂中國也，柔靜其易知矣。若夫足以殺盡地球含生之類，胥天地鬼神之淪陷於不仁，而卒無一人能少知其非者，則曰：『儉』。儉從人，僉聲；凡儉者皆僉人也。且夫儉之與奢也，吾又不知果何所據而得其比較，差其等第以定厥名，曰某為奢，某為儉也。今使日用千金，俗所謂奢矣，然而有倍苗者焉，有什百千萬者焉。奢至於極，莫如佛。金剛以為地，摩尼以為坐，種種寶結帝網，種種寶幢寶蓋，種種香花夜雲，種種飲食勝味。以視世人，誰能奢者？則奢之名不得而定也。今使日用百錢，俗所謂儉矣，然而流氓乞丐，有日用數錢者焉，有掘草根屑樹皮苟食以待盡，而不名一錢者焉。儉至於極，莫如禽獸。穴土棲木以為居，而無宮室；毛羽蒙茸以為煖，而無衣裳；恃爪牙以求食，而無耕作販運之勞。以視世人，誰能儉者？則儉之名不得而定也。本無所謂奢儉，而妄生分別以為名，又為之教曰：『黜奢崇儉』。雖唐虞三代之盛，不能辨去此惑，是何異搏虛空以為質，捫飄風而不釋者矣。」[38]

分析這段引言，他首先指出「儉」之害，足以殺盡地球含生之類，陷天地鬼神於不仁；次則指出所謂奢、儉，根本就沒有確切的標準，因此本應無所謂奢、儉；次則指出，既然本無奢、儉，而中國自古以來，偏偏設教要人「黜奢崇儉」，這就犯了以名亂仁的錯誤。繼而他又指出，所謂奢、儉，是違反自然的名亂之現象，同時所謂「崇儉」實係矛盾之說，提倡的結果不是適足以導之奢，就是一切爲之禁絕：

「雖然無能限多寡以定奢儉，然試量出入以定奢儉。俗以日用千金為奢，使入萬金焉，則固不名奢而名之儉，……俗以日用百錢為儉，使人不逮百錢，則不名之儉而名之奢。……溢則傾之，歉而納焉，是儉自有天然之度，無待崇也。……且所謂崇儉，抑又矛盾之說也。衣布集足矣，而遺使勸蠶桑胡為者？豈非導之奢乎？則蠶桑宜禁

矣。通有無足矣，而開礦取金銀胡為者？豈非示之汰乎？則金銀宜禁矣。推此(則)

……一切制度文為，經營區畫，皆當廢絕。」㊴

站在「仁——通——日新——平等」的原則上，他反對因「儉」而導致天下財貨之不流「通」、不平均，同時，亦對因此而造成民智不開的現象感到悲憤：

「……力遏生民之大命而不使流通。今日節一食，天下必有受其飢者，明日縮一衣，則天下必有受其寒者，家累巨萬，無異窮人，坐視羸瘠盈溝壑，餓殍蔽道路，一無所動於中，……自苦其身，以剝削貧民為務，……愈儉則愈陋，民智不興，物產凋窳，遂成至貧且窘之中國。」㊵

這種「靜」、「儉」，不知將財貨流通、共享的錯誤，譚氏對之痛加撻伐：

「不惟中國，彼非洲、澳洲及中亞之回族，美洲之土番，印度無來由之雜色人，越南、緬甸、高麗、琉球之藩邦，其亡之由，咸此而已矣。言靜者惰歸之暮氣，鬼道也；言儉者，齷齪之昏心，禽道也。率天下而鬼而禽，且美之曰：『靜德儉德』，夫果何取也？……惟靜故惰，惰則愚；惟儉固陋，陋又愚。兼此兩愚，固將殺盡含生之類，而無不足。故靜與儉，皆愚黔首之慘術，而擠之於死也。」㊶

因此，他反對靜、儉，主張動、奢，以積極的開發富源，創造財富來解決經濟問題。他認爲「天理必存於人欲之中」，強迫富者一如貧者之勞、之苦，或令富者散財於貧者均非人事之常，因此，不如積極開源，以成就動機誘導富者出錢出力，創造就業機會，並採機器，一來惜時，二來大量生產以求富，將來至於人人可奢，則人之性盡，物之性盡，「仁——通——日新——平等」的原則，將可貫徹於經濟活動之中，以謀經濟改革乃至人性的提昇：

「夫豈不知奢之為害烈也。然害止於一身家，而利十百矣。錦繡珠玉棟宇車馬歌舞宴會之所集，是固農工商賈從而取贏，而轉移執事者所奔走而趨附。……奈何私壟斷天下之財，恝不一散，以沾潤於國之人也。……必令於富者曰：『而瘁而形，而劬而力，而以而有之積蓄，而悉以散諸貧無貲者』，則為人情之大難。……富而能設機器廠，窮民賴以養，……故理財者慎毋言節流也，開源而已。源日開而日亨，流日節而日困。始之以困人，終必困乎。」㊷

「夫治平至於人人皆可奢，則人之性盡；物物皆可貴，則物之性盡。然治平至於人人可奢，物物可貴，卽無所用其歆羨畔援，相與兩忘，而歸於淡泊，不惟奢無所眩耀，而奢亦儉，不待勉强而儉，豈必過之抑之，積疲苦反極，反使人欲横流，一發不可止，終釀為盜賊反叛，攘奪簒殺之禍哉？故私天下者尚其財均以流，流故平。」㊸

人人可奢，物物可貴，人、物性盡，歸於淡泊，財均以流，社會因均流而平，這就是其「黜儉崇奢」說欲達之目的。

在此，我們不禁產生兩個疑問，第一、譚氏根據其「黜儉崇奢」說如何來解決當時中國的經濟問題呢？第二、譚氏對其「黜儉崇奢」的經濟主張是否有足夠的瞭解，一一瞭解該說之利弊得失呢？

資料證明了譚氏對於資本主義式的「崇奢」的利弊得失，有相當明確的認識與瞭解。首先，他指出利的方面：

「西人於礦務鐵路及諸製造不問官民，止要我有山有地有錢，卽可由我隨意開辦，官卽予以自主以權，絕不來相禁阻，一人獲利，踵者紛出，率作興事，爭先恐後，不防民之貪，轉因鼓舞其氣，使皆思出而任事，是以趨利若鶩禽獸之發，其民日富，其國勢亦勃興。此歐洲各國政府倚為奇策者也。……夾乎各大國之間，欲與之爭富強，舍此無以求速效也。」㊹

但是，這種資本主義社會全然開放，任由個人逐利以求富的方式，也有許多缺點：

「而其蔽也，惟富有財者始能創事，富者日盈，往往埒於國家，甚乃過之，貧者惟依富室聊為生活，終無自致於大富之一術。其富而奸者又復居積以待奇贏，相率把持行市，百貨能令頓空，無可購買，金鎊則能令陡漲至倍，其力量能令地球所有之國並受其損，而小民之隱受其害，自不待言，於事理最為失平。於是工與商積為深讎，而均貧富之黨起矣。其執政深厭苦而無如何，此黨亦日與執政為難。環地球各國之經濟家

朝夕皇皇然，孜孜然，講求處置之法，而卒莫得要領。」㊺

譚嗣同雖看出利弊得失，但在「夾乎各大國之間，欲與之爭富強，舍此無以求速效」的壓力下，只得在明知有若干弊病的情況下，提出了他對於解決中國經濟問題的一些實際辦法。

第一、他強調應大量機器化：

「……然則機器固不容緩矣。」㊻

「……中國……國貧由於不得惜時之道。不得惜時之道，由於無機器……。」㊼

「惜時之義大矣哉！禹惜寸陰，陶侃惜分陰。自天子之萬機，以至於庶人之一技，自聖賢之功用，以至於庸衆之衣食，咸自惜時而有也。自西人機器之學出，以製以運，而惜時之具乃備。……一世所成就，可抵數十世，一生之歲月，恍閱數十年。……惜時無不給，猶一人併數十之力耳。記曰：『為之者疾』！惟機器足以當之。」㊽

機器化除了上述之好處之外，如善為利用不僅不會導致迂儒所謂的與民爭利，反會為貧弱的中國爭回若干利權：

「而迂儒睹凡機器不辨美惡，一詆以奇技淫巧，及見其果有實用也，則又仗義執言，別為一說曰：『與民爭利』。當西人之創為機器，亦有持是說阻之者，久之貨財闐溢，上下俱便，不惟本國廢棄之物，化爲神奇，民間日見富饒，並鄰國之金錢，亦皆輸輦四至。各國大恐，爭造機器以相勝，僅得自保，彼此無所取贏，乃相率通商於中國，以中國無機器也。中國若廣造機器，始足以保利於民，而謂爭民之利何耶？」㊾

除了保民之利之外，欲達養民之目的，也惟有大量的機器化：

「……以養民爲主義……，變人力而爲機器，化腐朽而爲神奇。」㊿

第二，他主張對外通商，進而對外進行「商戰」，以爭取經濟的「反敗爲勝」。他對於當時守舊的反通商思想提出異議，同時指出不通商卽無法作到「中外通」、「通人我」與財貨流通，是「不仁」的行爲：

「數十年來，學士大夫，覃思典籍，極深研幾，固不自謂求仁矣，及語以中外之故，輒曰：『閉關絕市』，曰：『重申海禁』，抑何不仁之多乎！」(51)

在指出這些守舊觀念不對之後，他更進一步指出通商的必要性，以及因此而帶來的利益：

「夫財均矣，有外國焉，不互相均，不足言均也。通商之義，緣斯起焉。……故通商者，相仁之道也，兩利之道也，客固利，主尤利也。西人商於中國，以其貨物仁我，亦欲購我之貨物以仁彼也。則所易之金銀，將不復持去，然輒持去者，誰令我之工藝不興，商賈不恤，而貨物不與匹敵乎？卽令中國長此黷黯，無工藝，無商賈，無貨物，又未嘗不益蒙通商之厚利也。己既不喜製造，愈不能不仰給於人。此其一利矣。彼所得者金銀而已，我所得乎百種之貨物；貨必周於用，金銀則飢不可食而寒不可衣。以無用之金銀，易有用之貨物，不啻出貨傭彼而為我服役也。此又一利也。……夫彼以通商仁我，我無以仁彼，既足愧焉；曾不之愧而轉欲絕之。是以不仁絕人之仁，且絕人之仁於我，先卽自不仁與我矣。」[52]

「且夫絕其通商，匪惟理不可也，勢亦不行。……輪船鐵路電線德律風之屬，幾縮千程於咫尺，玩地球若股掌，梯山航海，如履戶閾，……無所謂中外之艮，……更烏從而絕之乎？為今之策，上焉者奬工藝，惠商賈，速製造，蕃貨物，而尤扼重於開礦……」[53]

因此，惟有大大方方通商，紮紮實實努力，進而使自己實力增強，以與外人進行「商戰」，才是正途：

「且彼抑知天下之大患有不在戰者乎？西人雖以商戰為國，然所以為戰者，卽所以為商。商之一道足以滅人之國於無形，其計巧而至毒，人心風俗皆敗壞於此。今欲閉關絕市，既終天地無此一日，則不能不奮與商務，卽以其人之道還治其人之身，豈一戰能了者乎？」54

第三，他主張開啓民智，扭轉觀念，尤其是知識份子，更應力求實務之學，放棄虛矯身段與八股迷夢。

首先，他指出士大夫對洋務認識不夠，只知枝葉，不知根本：

「中國數十年來，何嘗有洋務哉？抑豈有一士大夫能講者？……所謂洋務……，輪船已耳，電線已耳，火車已耳，槍礮水雷及織布鍊鐵諸機器已耳。於其法度政令之美備，曾未夢見……，凡此皆洋務之枝葉，非其根本。」55

同時，守舊陳腐的觀念造就了一批亡國之士、亡國之民，害得「中國舉事，著著落後，寖並落後之著而無之，是以凌遲至有今日」，於是，譚氏大聲疾呼，要知識份子快快覺醒，放棄虛矯身段，勿復作「坑儒之坑」，而以實學，以爲民導：

「……中國之士，志趣卑陋，止思作狀元宰相，絕不自謀一實在本領，以濟世安民。……故夫變科擧，誠為旋乾斡坤轉移風會之大權，而根本之尤要者也。……中國之考八股，於品行心術，卽又何涉！……顧亭林悼八股之禍，謂不減於秦之坑儒。愚謂凡不依於實事，卽不得為儒術，卽為坑儒之坑。」56

即使不直接投入商務，亦應貢獻智慧，於心智上參預之：

「商務者，儒生不屑以為意，防士而兼商，有背謀道不謀食之明訓也，……但當精察其理，以為民導耳。」[57]

第四、他主張以國際合作方式，換取中國從事經濟建設之機會，並提出一套「籌變法之資、利變法之用、嚴變法之衞、求變法之才」[58]的完整救國辦法，以爲經濟救國之方案。他主張賣地，償賠款，遷都，變法，努力十年以自立，進而求富強：

「今天內外蒙古新疆西藏青海，大而寒瘠，毫無利於中國，反歲費數百萬金戍守之。地接英俄，久為二國垂涎，一旦來爭，度我之力，終不能守，不如及今賣於二國，猶可結其歡心，而坐獲厚利。二國不須兵力驟獲大土，亦必樂從。計內外蒙古新疆西藏青海不下二千萬方里，每方里得價五十兩，已不下十萬萬。除賠款外（按：係甲午戰後對日賠款），所餘尚多，可供變法之用矣。而英俄之出此款，亦自不易。吾則情願少取值。……請歸二國保護十年。於是遷都中原，與天下更始，發憤為雄，決去壅蔽，且無中外之見，何有滿漢之分？……廣興學校……，而羣才奮；大開議院，……而民氣通。慎科舉……，分海軍陸軍為二部，將則必出於武學堂……，盡開中國所有之礦，以裕富強之源。多修鐵路，多造淺水輪船，以速征調，以便轉餉，以隆商務；商務則設商部……，精求工藝製造……，工與商通力合作，以收回利權。……凡利必興，凡害必除，如此十年，少可自立，不須保護，人自不敢輕視矣。每逢換約之年，漸改訂約章大有損者，援萬國公法，止許海口及邊口通商，不得闌入腹地。」[59]

上述除賣地並求英俄保護十年係不可行的書生之見外，其餘則的確有其瑰麗之遠景。

第五、除了發展經濟之外，並以經濟發展帶動民權之發展：

「今之策富強而不言教化，不興民權者，……為助紂桀之臣也。」[60]

換言之，欲言富強必應言教化，必應興民權，以強化民間力量，追求整體進步，否則將無意義。

由上面的析論，使我們瞭解了譚嗣同根據「仁——通——日新——平等」的原則所提出的「黜儉崇奢」的經濟觀的內涵與意義。綜合看來，譚氏強調的樂利精神、創造財富、重商觀念可說是針對中國傳統農業經濟觀念作批判、反省後所提出的時代新見解，十分切合時代的需要。尤其難得的是，他認為經濟發展必須要與知識發展及民權發展相互配合才易收效的整體建設觀念，實在是相當深入的一項看法！同時他對西方資本主義的利弊得失，也有正確的認識，認為除「崇奢求富」之外，也應考慮均貧富的社會問題。可惜，他沒有進一步地對如何均貧富提出意見。大致而言，譚氏的經濟思想反映出中國傳統的經濟觀念必須徹底改變，才能順適新時代的需要，同時指出了「黜儉崇奢」的新經濟觀念，並不違反美德，相反地，不僅合於工商業日漸活動日益重要的現代社會，同時也合乎人性合理的要求，甚至於由於「盡物性」而「盡人性」，達到提昇人性的理想。

不過，其經濟思想中亦不無可議之處，例如其主張拉攏英、俄以國際合作來救亡的主張，雖理想甚佳，但顯然「與虎謀皮」，對帝國主義侵略中國的野心缺乏認識與瞭解。在現實利益第一優先的帝國主義國家中何曾有過以「仁」、以「平等」對待弱小的實際事例？譚氏賣地、聯英、俄，求保護並援萬國公法遏阻列強入侵的構想，可說完全是書生之見，充分暴露出他個人對國際政治認識的不足以及對西方列強的政治道德水準作了過高的期盼。

雖然如此，譚氏的經濟思想就整體而言，富有他進步、前瞻性的一面，在中國近代經濟思想發展史上，譚嗣同透露出中國知識份子對舊有農業經濟觀念的批評、反省，以及對近代西方經濟觀念的吸收與模倣，在大時代的鉅變中，其「黜儉崇奢」說透露出中國經濟由傳統農業經濟走向工商時代的轉變訊息。

第三節　譚嗣同社會倫理思想之剖析

基於「仁——通——日新——平等」的思想理則，譚嗣同主張以平等、自由爲基礎，重新評估傳統的人倫關係「三綱五常」，認爲應全力破除「對待」不平等的「名教」，建立平等、自由的新人倫。他認爲這不僅是達到社會和諧之所需，也是維新變法的重要起點。此一主張我們必須加以重視。他說：

「今中外皆侈談變法，而五倫不變，則與凡至理要道，悉無從起點，又況於三綱？」[61]

他的倫理思想可分就下列幾點來看：

第一、對傳統的「名教」、三綱倫常提出嚴厲的批判，認爲所謂的名教、綱常都是一種人爲的不平等，是統治者用來奴役人民的工具，是在上者爲鞏固一己私利，用以壓迫在下者所揑造出來的教條，所以，應該予以打破，從這種不合理的束縛中掙脫出來。首先他對名教提出激烈地批評：

「俗學陋行，重言名教，敬若天命，而不敢渝。……以名爲教，則其教已爲實之賓，而決非實也。又況名者，由人創造；上以制其下，而下不能不奉之；則數千年來，三綱五倫之慘禍酷毒由此矣。君以名桎臣，官以名軛民，父以名壓子，夫以名困妻，兄弟朋友各挾一名以相抗拒，而仁尚有存焉者得乎？然而仁之亂於名也，亦其勢自然耳。……故不能不有忠孝廉節，一切分別等差之名。……忠孝既爲臣子之專名，則終不能以此反之，雖或他有所據，意欲詰訴，而終不敵忠孝之名，爲名教之所上。……名之所在，不惟關其口使不敢昌言，乃並錮其心使不敢涉想。」62

他進一步對君臣一倫強烈抨擊：「二千年來君臣一倫，尤爲黑暗否塞，無復人理，沿及今玆，方愈劇矣。」63並具體指出君主本身卽無倫常：「而爲之君者，乃眞無復倫常，天下轉相習不知怪，獨何歟？尤可憤者，已則瀆亂夫婦之倫，妃御多至不可計，而偏喜絕人夫婦，如所謂閹寺與幽閉之宮人，其殘暴無人理，雖禽獸不逮焉。」64緊接君臣之倫之後，進而抨擊父子、夫婦二倫：

「君臣之禍亟，而父子、夫婦之倫遂各以名勢相制為當然矣。此皆三綱之名之為害也。……君臣之名，或尚以人合而破之；至於父子之名，則真以為天之所命，卷舌而不敢議。……若夫姑之於婦，顯為體魄之說所不得，抑何相待以暴也。……今則虜役之而已矣，鞭笞之而已矣，至計無復之，輒自引決，村女里婦，見戕於姑惡，何可勝道。」⑮

第二、在反對三綱的基礎上，譚嗣同更提出男女應該平等的進步主張。他指出「本非兩相情願」的傳統婚姻的不合理，斥「餓死事小，失節事大」爲謬論，對婦女受到歧視與壓制表示同情：

「若夫姑之於婦……抑何相待之暴也。……記曰：『婚姻之禮廢，夫婦之道苦。』本非兩情相願，而强合渺不相聞之人，縶之終身，以為夫婦。……宋儒煬之，妄為『餓死事小，失節事大』之瞽說，直於室家施申韓，閨闥為岸獄，是何不幸而為婦人。」⑯

爲免婦人於不幸，當然要提倡男女平等，因此，他說：「男女同爲無量之盛德大業相均。」⑰

第三、認爲傳統重視婦女「貞操」係男人自私的不合理觀念，並主張倡導開放的性教育。首先他指出，男女生理的需求，是發於自然的，不應基於名教以淫惡視之：

「(以名教觀之)惡莫大於淫殺，……男女構精名淫，此淫名也，淫名亦生民以來沿習既久，名之不改，習謂為惡。向使生民之初，即相習以淫為朝聘宴饗之鉅典，行諸朝廟，行諸都市，行諸稠人廣衆，如中國之長揖拜跪，西國之抱腰接吻，則孰知為惡者？……是使生民之初，天不生其具於幽隱，而生於面額之上，擧目即見，將以淫為相見禮也，又何由知其為惡哉？」[68]

接著他譴責男人重視女人貞操的自私心態：「淫人者，將以人之宛轉痛楚奇癢殊顫，而為己之至樂。……同一女色，尤流俗所涎慕，非欲創之至流哀啼而後快耶？」[69]其實，「……男女之異，非有他，在牡牝數寸間耳。……今錮之，嚴之，隔絕之，……一旦瞥見，其心必大動不可止。……今懸為厲禁，引為深耻，沿為忌諱，是明誨人此中之有至甘焉」[70]。反而誘人好淫。因此，倒不如以開放的態度，提倡性教育，使人人對此有正當之瞭解。所以他主張「多開考察淫學之館，廣布闡明淫理之書」[71]，「詳考交媾時，筋絡肌肉，如何動法，涎液質點，如何情狀，繪圖列說，畢盡無餘，兼範蠟肖人形體，可拆卸諦辨」，「使人人皆悉其所以然」[72]。

第四、主張以合於平等的朋友之倫，而貫通其他各倫，以解決三綱之害，建立平等和諧的社會。

他認為五常之中，只有朋友之倫有益而無弊，符合平等、自由之原則：「五倫中於人生最無弊而有益，無纖毫之苦，有淡水之樂，其惟朋友乎？顧擇交何如耳，所以者何？一曰『平等』；二曰『自由』；三曰『節宣惟義』。總括其義，曰不失自主之權而已矣。[73]

譚嗣同認爲不單是耶教、佛教講求平等，就是孔教的眞精神也是以朋友之倫的平等精神作基礎，再論及其他各倫：

「其在孔教，臣哉鄰哉，與國人交，君臣朋友也，不獨父其父，不獨子其子，父子朋友也；夫婦者，嗣為兄弟，可合可離，故孔氏不諱出妻，夫婦朋友也；至兄弟之為友于，更無論矣。」[74]

只是孔教的平等精神被荀學「冒孔子之名，敗孔子之道」，而使中國二千多年來，遭受綱常名教的束縛：

「方孔之初立教也，黜古學，改今制，廢君統，倡民主，變不平等為平等，亦汲汲然動矣。豈謂為荀學者，乃盡亡其精意，而泥其粗迹，反授君主以莫大無限之權，使得挾持一孔教以制天下，彼荀學者，必以倫常二字，誣為孔教之精詣，不悟其為據亂世之法。」[75]

所以，他對自秦漢以來的君主專制歷史批評道：「二千年來之政，秦政也，皆大盜也；二千年來之學，荀學也，皆鄉愿也；惟大盜利用鄉愿，惟鄉愿媚大盜。」[76]認清廷之所以敢「虐四萬萬之衆」，就是「賴乎早有三綱五倫字樣，能制人之身者，兼能制人之心」[77]，這種不平等、不合理的名教、綱常必須打破、重建，而重建之道，則應以朋友之倫爲基礎，建立合乎平等、自主權利的新倫理：

「夫朋友豈真貴於餘四倫而已，將爲四倫之圭臬。而四倫咸以朋友之道貫之，是四倫可廢也。此非讕言也。」[78]

總之，譚嗣同基於他「仁——通——日新——平等」的一貫理念，提出了他的社會倫理主張。其倫理思想有消極、積極兩面。就消極面而言，他強烈批判封建倫常禮教的不合理，認爲四倫可廢，因爲這些名教、三綱，不僅違反人性，剝奪人的自主權，實則爲統治者利用來奴役人民的工具而已。因此必須全力打破，以掙脫不合理的束縛。就積極面而言，他就自主、平等出發，提出了極開明、進步的主張，那就是提倡男女平等、反對歧視婦女、批判不自主的婚姻、倡導性教育……等；最後，更呼籲以明友之倫爲基礎，建立自由、平等、和諧的新倫理。繼之則以此一自由、平等的新倫理，作爲帶動變法維新，以爲政治變革之基礎；亦即以倫理革新帶動社會、政治的整體革新，此一見解實在相當深刻，而且極富勇氣，其激烈處「較諸五四時代所有反禮教的文學亦未或多讓」[79]，但與五四時期全面破壞地反禮教來相比，譚氏的倫理思想對傳統既批判又繼承的態度，實與五四時期的反傳統有所不同（譚氏尊孔反荀，而五四時全面反孔）。不過，譚氏對名教的嚴厲批判，實爲晚清以來第一人，開啓近代反禮教爭自由、平等的潮流。誠如錢穆所評：「輓近世以來，學術之路益狹，而綱常名教之縛益嚴，然未有敢正面對面施呵斥者，有之，自譚氏始也。」[80]

附註

❶《仁學》、卷下、頁八十五。
❷《仁學》、卷下、頁八十七。
❸見張家珍撰、《譚嗣同仁學思想研究》、頁五十五。(69·文化哲研所碩士論文)
❹《仁學》、卷下、頁六十九。
❺同❹。
❻同❹。
❼《仁學》、卷下、頁七十九。
❽《仁學》、下、頁五十六。
❾《仁學》、卷下、頁五十六～六十七。
❿同❾。
⓫同❾。
⓬同❾。
⓭《仁學》、卷下、頁五十八。
⓮金耀基、《中國民本思想之史底發展》。臺北、嘉新水泥公司文化基金會、研究論文、第三種。民國五十三年八月、頁十一。
⓯《仁學》、卷下、頁五十八。
⓰《仁學》、卷上、頁五十五。
⓱《仁學》、卷上、頁十四～十五。

⑱《仁學》、卷下、頁六十六。

⑲《仁學》、卷下、頁六十六～六十七。

⑳《仁學》、卷下、頁六十八。

㉑《仁學》、卷下、頁五十八。

㉒同⑯。

㉓《仁學》、卷下、五十八～五十九。

㉔同㉓。

㉕同㉓。

㉖《仁學》、卷下、頁六十。

㉗《仁學》、卷下、頁六十二。

㉘《仁學》、卷下、頁六十三。

㉙《仁學》、卷下、頁六十一。

㉚譚氏在籌辦煤鐵事業時，曾與梁啓超通信討論，信中有云：「若慮愚民梗阻，則嗣同設法開導而彈壓之。」可見一般民衆在他心中是相當愚昧的，無法成爲改革的主力。

㉛《仁學》、卷下、頁六〇。

㉜《全集》、《報貝元徵書》、頁四〇七。

㉝同㉛。

㉞同㉜。

㉟同㉜。

㊱參見拙文：〈從仁學的思想理則析論譚嗣同黜儉崇奢之經濟思想〉。發表於一九八八年十二月淡江大學主辦「第二屆晚清文化及文學思想研討會」。

37 全集、頁三六～三七、《仁學》，卷上。
38 全集、頁三八，《仁學》卷上。
39 全集、頁三八～九。
40 全集、頁三九～四〇。
41 全集、頁四〇。
42 同41。
43 全集、頁四三～四。
44 全集、頁四四四、〈報唐佛塵書〉。
45 同44。
46 同42。
47 同42。
48 全集、頁四六、《仁學》、卷上。
49 全集、頁四一五～六。「思緯壹台臺短書——報貝元徵」（以下簡稱「短書」）。
50 全集、頁九十九、〈壯飛樓治事十篇、治事篇第八、財用篇〉。
51 全集、頁三〇。《仁學》、卷上。
52 全集、頁四十四、《仁學》、卷上。
53 全集、頁四十五。
54 全集、頁二九二、〈興算學議〉。
55 全集、頁三九六～七。〈短書〉。
56 全集、頁四〇〇、〈短書〉。
57 全集、頁四一八、〈短書〉。
58 全集、頁四二七～四三〇、〈短書〉。

59 全集、頁四〇七、〈短書〉。
60 全集、頁三二六、〈上歐陽瓣薑書〉之廿二。
61 《仁學》、卷下、頁六十八。
62 《仁學》、卷上、頁十四～十五。
63 《仁學》、卷上、頁五十五。
64 《仁學》、卷下、頁六十六。
65 《仁學》、卷下、頁六十五。
66 同64。
67 《仁學》、卷上、頁十九。
68 《仁學》、卷上、頁六十五。
69 同68。
70 同68。
71 同68。
72 同68。
73 《仁學》、卷下、頁六十六。
74 《仁學》、卷下、頁六十七～六十八。
75 《仁學》、卷上、頁五十四。
76 《全集》、頁二六九。
77 《仁學》、卷上、頁五十五。
78 《仁學》、卷下、頁六十六～六十七。
79 楊一峯：《譚嗣同》。臺北、中央文物供應社。四十八年三月。頁七十七。
80 錢穆：《譚嗣同的仁學》。中國近代史論叢，第一輯，第七册，頁一四八。

第五章　譚嗣同變法策略之分析

譚嗣同的變法理想由上述章節對其政治、經濟、社會倫理思想之分析可知其大義，然而這些理想要透過那些實踐手段才可能落實呢？顯然有進一步析論的必要。

精簡地說，譚嗣同欲實現其變法理想必須有效地做好兩項工作，一項是他必須提出應該積極變革的理由以說服保守人士的反對，並爭取時人的認同；換言之，他必須提出一套理論來證明當時的中國必須積極求變。另一項重要的工作則爲他必須衡量當時的社會實際狀況，提出一套策略以達成變法的目的。關於這兩項工作，譚嗣同的做法以王船山「道器一體」論爲基礎，提出「器體道用」論來扭轉時人「中體西用」的中國本位思考習慣，進而以康有爲的「託古改制」爲過橋，主張「變法又適所以復古」，積極鼓吹變法。在雄辯滔滔確認變法的必要性與合理性之後，再進一步提出一套變法策略，包括：一、主張教育革新，講求實學，倡導知識報國。二、透過辦報紙、與學會啓廸民智，塑造新民，以爲建設新國家之基礎。三、提倡並強化紳權，培育社會中堅力量以促進民權，達到政治改良的目的。四、提倡倫理革新，以自由、平等的新人倫作爲政治平等之基礎。五、主張以樂利觀念爲基礎，振興經濟，講求商戰，以經濟力量配合政治革新。六、提倡日新的進化觀念，提醒國人勇於變革，因應時代挑戰。

綜合看來，其「器體道用」、「變法復古」的論調與時人相較顯得大膽而明快，一錘打破時人「中體西用」的中國本位觀念，促使國人樂於大量酌採西法以求變而不會良心不安感到愧對中國傳統；這方面的貢獻與勇氣，大約只有康有爲的「托古改制」可以與他比擬。至於其變法策略，除講求商戰與講求實學與其他一般的變法論者相同並無創見之外，其他各點均深具前瞻性，可謂超越時人的眼光，而且頗合中國的國情及當時的歷史條件。現逐一析論於後。

第一節　從「華夏之道不可變」到「法之當變」

一八九四年中日甲午戰爭爆發，中國節節挫敗，次年馬關條約簽訂，清廷徹底承認失敗，舉國激憤。譚嗣同受此刺激，其思想由保守轉爲激進。在此以前，譚氏與中國一般士大夫相比並無太大區別，一直抱著中國本位的守舊心態。

〈治言〉是譚嗣同現存最早的一篇政論文章，是他廿一歲時有感於中法戰爭的作品，表達了他對時局的關心及對中國處境的反省。就文化觀與世界觀來看，這篇文章帶有濃厚的中國本位文化色彩，反映出譚嗣同當時保守的心態。這篇文章雖然後爲譚氏壯年時所愧棄，但卻最足以代表他三十歲以前的思想。他在〈治言〉中，首先提出「天之三變」，由夏后氏以後的「道道之世」，轉變爲秦以後的「法道之世」，再轉變爲當時的「市道之世」。而全世界可分爲三個區域，首先是中國「華夏之國」，係「八荒風雨之所和會，聖賢帝王之所妥宅，而經緯風敎禮俗於以敎，而三綱五常於以備也」❶的禮義之邦，其範圍爲「赤道以北，適居三百六十經度之中，西至於流沙，東南至於海，北不盡與安嶺」❷。其二爲「夷狄之國」，其文化水準及地域範圍爲「東朝鮮，西回藏，洎越南、緬甸之遺民，猶務面內向，潛震先王之聲靈，以服教而畏神者，咸隸焉。由是而東起日本以北，迤俄羅斯而西，折而南，而土耳其，而西印度，西北逾地中海，而布路亞，而西班牙，而德法英諸國。又西踰海而北亞美利加，其壤地不同，同於治治，其風俗不同，同於藝術。其稟於天而章於用，爲人所以生，而國所以立，而上下之所以相援繫。視華夏則偏而不全，略而不詳，視禽獸則偏而固，爲全之偏，略而固，爲詳之略，是足以爲一區」❸。其三則爲「禽獸之國」，其文化水準及範圍則是「南起阿非利加，西至南亞美利加，又西至澳大利亞，則有皆榛莽未闢之國也，又皆出夷狄下」❹。他這種地理劃分的方式，充分代表了一個漢族中心的世界觀。依此一看法，他認爲當時世界最大的危機在於「夷狄率禽獸以憑凌乎華夏。」他說：

「天之所變，而市不蘄乎法，法不蘄乎道而天窮，地之所區，而夷狄率禽獸以憑陵華夏而地亂。」❺

同時他認爲「質文遞禪，勢所必變」，他指出：

「夏商之忠質，固已伏周之文；周之文，固已伏後世之文勝而質不存；周以降皆敝於文勝而質不存，今其加厲者也。審乎此而挽救而變通者可知，抑審乎此而夷狄之加乎華夏者皆可知。」❻

因此，解決之道爲必須促使中國再返「忠」以救「文」勝之弊，恢復到「質存」的境域：

「華夏固可反之於忠，忠者，中心而盡乎己也。以言乎役己之己，則華夏之自治為盡己。」[7]

因此，他認爲當時致力於洋務運動的人犯了本末倒置的錯誤，他指責道：

「且世之自命通人，而大惑不解者，見外洋舟車之利，火器之精，劌心鉥目，震悼失圖，謂今之天下，雖孔子不治。噫！是何言歟？」[8]

那麼眞正務本踏實的解決之道，應在於做好誠意正心修身齊家治國平天下的儒家道德功夫，換言之，中國之道不可稍變：

「今之中國猶昔之中國也，今之夷狄之情，猶昔之夷狄之情也。立中國之道，得夷狄之情，而駕馭柔服之，方因事會以為變通，而道之不可變，雖百世而如操左券。」[9]

這種華夏之道不可變的中國本位思想的言論，反映出譚氏年輕時傳統、保守的心態。這種思想延續到他廿七歲那年所寫的〈記洪山形勢〉一文中，他又再度提出了「道不可變」的觀點：

「變者日變，其不變者，亦終不變。」

「先立天下之不可變，乃可以定天下之變。」[10]

到卅歲那年所寫的「石菊影廬筆識」中才稍微有點轉變，一方面他仍主張「中國聖人之道，無可云變也」。但也對西學，尤其是格致之學流露出濃厚的興趣，認爲西方科技亦有一定程度之價值，不必一昧排斥。因此，他對於當時保守人士認爲格致之學是奇技淫巧的看法表示不以爲然：

「……故中國聖人之道，無可云變也，而於衛中國聖人之道，以為撲滅之具，其若測算製造農礦工商者，獨不深察，而殊旌之，甚且恥言焉，又何以為哉？」⑪

顯然，其思想態度已略有轉變，已接近於「中體西用」的主張，和自稱「最少作」的〈治言〉已有相當距離了。

眞正促使譚嗣同思想由保守到積進，由不可變到積極求變的關鍵，當首推中日甲午戰爭中國戰敗的刺激。光緒廿一年馬關約成，譚氏感到萬般激憤，痛斥馬關條約「直合四百兆人民身家性命而亡之」⑫，在亡國滅種的危機壓迫下，遂益發憤，提倡新學，倡言變法。他在「上歐陽瓣薑書」中云：

「平日於中外事雖稍稍究心，終不能得其要領。經此創鉅痛深，乃始屏棄一切，專精致思，當饋而忘食，既寢而累興，繞屋徬徨，未知所出。既憂性分中之民物，復念災患來於切膚。雖躁心久定，而幽懷轉結。詳考數十年之世變，而切究其事理，遠驗之故籍，近咨之深識之士。不敢專己而非人，不敢諱短而疾長，不敢徇一孔之見而封於舊說，不敢不舍己從人，取於人以為善。設身處境，機牙百出，因有見於大化之所趨，風氣之所溺，非守文因舊所能挽回者，不恤首發大難，畫此盡變西法之策，而變法又適所以復古。」⓭

在這兒，譚嗣同已擺脫中國本位色彩，提出大化之所趨，必須積極求變，而變法又適所以復古的主張了。此外，他在〈報貝元徵書〉中，發揮王船山的「道器致用」說，提出了革命性的「器體道用」論，闡述必須變的理由，他說：

「聖人之道，無可疑也……特所謂道，非空言而已，必有所麗而後見。」⓮

「《易》曰：『形而上者謂之道，形而下者謂之器。』曰上曰下，明道器之相為一也。衡陽王子申其義曰：『道者器之道，器者不可謂之道之器也。無其道則無其器，人類能言。雖然，苟有其器矣，豈患無其道在？君子之所不知而聖人知之，聖人之所不能而匹夫匹婦能之，人或昧於其道者，其器不成，不成非無器也。無其器則無其道，人鮮能言之，而固其誠然者也。洪荒無揖讓之道，唐虞無弔伐之道，漢唐無今日之道，則今日無他年之道多矣。未有弓矢而無射道，未有車馬而無御道，未有牢醴璧幣鐘磬管絃而無禮樂之道；則未有子而無父道，未有弟而無兄道，道之可有而無者多矣，故無其器則無其道，誠然之言也，而人特未之察耳。故古之聖人，能治器而不能治道。治器者則謂之道，道得則謂之德，器成則謂之行，器用之廣則謂之變通，器效之著則謂之事業。故易有象，象者像器也；卦有爻，爻者效器者也；爻有辭，辭者辨器者也，故聖人者，善治器而已矣。』又曰：『君子之道，盡夫器而已矣。辭所以顯器，而鼓天下之動，使勉於治器也。』由此觀之，聖人之道，果非空言而已，必有所麗而見。麗於耳目，有視聽之道，麗於心思，有仁義智信之道；麗於倫紀，有忠孝友恭之道；麗於禮樂征伐，有治國平天下之道。故道，用也；器，體也，體立而用行，器存而道不亡。」[15]

既然「道，用也，器，體也」，那麼，西法、西學、西教自不可再不予重視，即使是西方科技、器物也有其道之依據，不可再依據保守的士大夫觀念，認爲西方文明只是形而下的「器」，而只有中國的「道」才高高在上，不可稍變。因此，譚嗣同「器體道用」的看法，可說是在當時根本扭轉國人對道，器的傳統解釋，爲盡採西法革新求變，找到理論的依據。他並強調「理一也」，認爲中西在「至極之理」是相同的，因此，國人不必再抱持士大夫虛憍身段，以爲中國文化惟我獨尊抗拒改變：

「故中國所以不振者，士大夫徒抱虛憍無當之憤激，而不察夫至極之理也。苟明此理，則彼既同乎我，我又何不可酌取乎彼？酌取乎同乎我者，是不啻自取乎我。」[16]

甚至於他指出以當時中西文化水準、政教風俗作一相比，到底孰爲夷、孰爲夏都已難論斷，華夏未必強過夷狄，夷狄未必不如華夏。他說：

「中國今日之人心、風俗、政治法度，無一可比數於夷狄，何嘗有一毫所謂夏者？即求並列於夷狄，猶不可得，乃云變夷乎？……公平言之吾，實夷也，彼猶不失為夏。」[17]

這眞是誠實檢討、切合實際而又極沈痛的一段評論！因而譚氏主張積極「變法圖治，……思以衞而存之也。」而變法，並不是變古法，而是變秦之暴法，復古法，譚氏在此借「托古改制」來鼓吹其「變法又適復古」的主張：

「故夫法之當變，非謂變古法，直變去今日以非亂是，以偽亂真之法，蘄漸復於古耳。」[18]

而所謂的「古法」又何所指呢？譚嗣同的看法是：

「古法可考者六經尚矣，而其至實之法，要莫詳於《周禮》。」[19]

「西法博大精深，周密微至，按之《周禮》，往往而合。」[20]

由上述申論可看出譚嗣同由堅持道不可變到積極求變的轉變過程。綜合看來，其變法理論的主要論據來源有二，一是由王船山的「道器致用論」發揮出的「器體道用」論及「至極之理同一」的主張，將時人拘泥於中國本位的思考習慣加以扭轉，並肯定西方文化的價值與地位，同時辯解學習西方並非可耻的行爲，爲盡採西法以求變革找尋合理的說詞。另一論據來源則係採康有爲等「托古改制」的說法，說明變法並非離經叛道，而是恢復中國古法，因此國人應勇於變法圖強，不必因變法而感到愧對傳統。與康有爲不同的是，康的立論根據是《公羊春秋》，而譚的立論根據是《周禮》。

總之，當譚嗣同提出「道用器體」論及「變法復古」論之後，他已完成了他主張積極求變的理論基礎，尤其是器體道用的觀念，具有相當的衝鋒陷陣的撞擊力，粉碎了「道」的絕對權威，認爲客觀存在的外象改變了，作爲社會道德和文化內涵的「道」，也必須隨之改變，對於鼓吹積極變法，實具有相當強的說服力。待日後《仁學》完成後，他更提出了極具震撼力的口號——「衝決網羅」。譚氏的求變意識發展至此，勢必從議論層面走向實際政壇，以具體的行動參與從事他熱切關注的變法救國事業了。

第二節 譚嗣同的變法策略與實踐

前文提及譚氏認爲大化之所趨，必須積極求變，以救亡圖存，並分就政治、經濟、社會倫理提出變法的理想，但要透過那些關鍵性的工作，才能將理念化爲眞實，達到其目的呢？譚嗣同提出了一套變法的策略，同時並嘗試加以實踐。

値得我們注意的是譚嗣同的變法策略除部份與一般變法論者相同之外，有好幾處前瞻性的看法，顯示出他除具救國的熱誠、哲學思辨的能力之外，尙有相當出色的策劃能力。此外，我們也必須重視的是，在戊戌變法諸人物中，譚嗣同除具足以自成系統的哲學思想、變法思想外，也深具實踐性格的特色。眾所週知，整個康梁所領導的戊戌變法，在理念意義上相當突出，但在具體政務的實際推行上，似乎除設立京師大學堂之外，很難找到具體的新政建設。換言之，戊戌變法在實務推動上，鮮有實效，幾乎可說是與皇帝詔令相始終。然而譚嗣同卻適足以補足了這一缺憾。譚嗣同曾在入京參與戊戌變法之前，在一八九五至一八九八年之間於湖南積極推動新政運動，抱著先小試一縣、一省的心理，將變法理念、透過策略、透過實踐，找尋並建立實際建設新中國的政治經驗，雖然不幸最後身殉變法，壯志未酬，但其在湖南推動新政的種種具體事實，卻留給我們後人在研究其變法思想時，提供了理念與實踐之間相互關係的珍貴史料，對於建立其完整的變法思想相當有幫助，同時也可間接證明康梁所領導的戊戌變法，其期盼的理想境界並非以皇帝下達詔書的紙上變法為滿足，而是眞正有要求實踐的理想，只是受限於當時的政治環境，未能伸展抱負，力行實踐。

譚嗣同的變法策略，如加以分析，可分為下列幾項要點：一、主張廢除科舉、革新教育、講求實學，倡導知識救國的新觀念。二、主張先塑造新民，啓廸民智，來作為建設新國家的基礎，因此，主張辦報、興學會、立學校，來做好文化及社教工作。三、他瞭解推動改革需要社會力量的支持，但中國社會的民間力量要如何培育呢？他選擇了仕紳階層作為社會的中堅，因此，培育紳權來作為促進民權的手段。四、他認為倫理革新乃政治革新的基礎，如果能先以自由、平等的新觀念建立人人自主、平等的社會，那麼在此基礎之上，政治的民主、平等、自由才能較順利的建立。五、主張捨棄保守的儉約經濟觀念，而代之以樂利、求富的工商社會積極精神，振興實業，講求對外商戰，對內則將配合經濟建設與民權相結合，以追求社會之合理與進步。六、提倡日新的進化觀念，提醒國人身處危機時代，當勇於變革，迎向時代挑戰。

現謹逐一分就其變法策略，並配合他在湖南推行新政的實踐經驗，加以申論。

第一、主張教育革新、講求實學，倡導知識報國。

譚嗣同認爲政治變革，應以開風氣、育人才爲首要考慮，而傳統中國的作育人才方式似乎並不能培育出眞正能經世濟民、匡時救弊的實才，因此，他主張革新教育，講求實學，欲講求實學，首先須將士大夫從「場屋」之中拔出，所以他主張首先應廢除科舉制度，作爲革新教育之起點，他說：

「欲議變法，必先自士始。欲自士始，必先變科舉。」㉑

廢除科舉只是消極地廢除舊式教育的追求誘因，那麼如何提倡新式教育，講求實學呢？譚氏有他革新教育的構想。他認爲應參考西方學堂模式，創建新式學堂，講求西學。而西學內容相當豐富，因此宜先擇其根本——算學、格致爲入手。他認爲「算學者，器象之權輿」，「西國興盛之本，雖在議院、公會之相互聯繫，互相貫通，而其格致、製造、測地、行海諸學，固無一不自測算而得」㉒，故宜先自算學入手。他曾在與其師歐陽中鵠的信函中。附有興算學議之副題，除陳述一般變法建議之外，並提出擬在其故鄉瀏陽創立算學格致館的計劃。他說：

「先小試於一縣，邀集紳仕講明今日之時勢與救敗之道，設立算學格致館，招集聰穎子弟肄業其中。此日之啣石填海，他日未必不收人才蔚起之效。……而尤要者，除購讀譯出諸西書外，宜廣閱各種新聞紙，如申報、滬報、漢報、萬國公報之屬，公置數分，凡諭旨告示奏疏與各省時事外國政事與論說之可見施行者，與中外之民情嗜好，均令生徒分類摘抄。……嚴立課程，循名責實，每日止占一門，而皆從算學入手。」[23]

由這段引言可知，譚氏所認爲的新式教育，不僅從習八股應試求官的傳統陋習中掙脫出來，更講求西學根本——格致算學等實學，並鼓勵並協助求學者建立新的世界觀，關切中外大事及民情，使專業知識與現實關切兼顧。

隨後不久，歐陽中鵠，唐才常、譚嗣同等乃在瀏陽開始擬設「格致算學館」計劃。譚氏並手訂算學格致館開辦章程八條，經常章程五條，作爲設立之張本。並將章程彙刻成書，題爲「興算學議」，傳觀遠近，並稟請當時湖南學政江標，改南臺書院爲算學格致館。雖蒙贊許立案，但瀏陽適值嚴重旱災，南臺書院之經費移作賑災之用，算學格致館之創設乃因經費困難而暫告停頓。歐陽中鵠乃糾集同志十餘人，先行設立算學社，聘新化晏孝儒講授算學，以爲初基，此爲甲午戰後湖南維新人士所組成的第一個學術團體。其草創規模雖小，但意義及影響極大，瀏陽一隅興算，湖南向學風氣爲之大開，影響所及，東山書院、校經學會、德山書院、時務學堂、南學會……相繼設立，無一不受譚氏影響。誠如唐才常所評論：「湘省直中國之萌芽，瀏陽直湘省之萌芽，算學又萌芽之萌芽。」又[24]如梁啓超評論：「甲午戰役之後，湖南學政以新學課士，於是風氣漸開，而譚嗣同倡大義於天下，全省沾被，議論一變。」[25]足見譚氏的瀏陽興算有多麼深遠的影響及首創風氣之意義！

第二、主張塑造新民，啓廸民智，以爲建設新中國之基礎。

欲變法革新必須要喚醒民衆，啓廸民智，才能得到社會力量之支持，達到變法的目的。因此，譚氏主張塑造新民，他認爲「新民」的方法，最要者有三：「一曰創學堂，改書院……，二曰學會，三曰報紙。」㉖因爲「學堂之所教，可以傳一省，是使一省之人，游於學堂矣。學會之所陳說，可以傳於一省，是使一省之人，晤言於學會矣」。而報紙不僅可以「開風氣，拓見聞」，更可作爲反映民意的工具，譚嗣同說：「報紙卽民史」，又說：「二十四家之撰述，極其指歸，要不過一姓之譜牒焉耳，於民之生業，靡得而詳也，於民之教法，靡得而記也，於民通商惠工務材訓農之章程，靡得而畢錄也」，而報紙卽民史，因此，爲民喉舌，爲民衆新知、利益而服務，其功效之大，實爲現代社會最有用之傳播工具。現分就學堂、學會、報紙舉例說明。

首先談學堂方面，玆以時務學堂爲例。光緒二十二年十二月由王先謙領銜，熊希齡、張祖同、朱昌琳、湯聘珍等六位湖南士紳請求巡撫設立時務學堂，得到陳寶箴之贊可，光緒二十三年七月招考學生。其成立宗旨係培養學通中外，體用兼賅的新人才。陳寶箴於招考示中有云：「查泰西各學，均有精微，而取彼之長，輔我之短，必以中學爲根本。惟所貴者，不在務博貪多，而在修身致用。」㉗新學風的倡導由此可見。時務學堂創立後，由黃遵憲提議聘請梁啓超擔任中文總敎習，李維格爲西文總敎習，梁等雖欣然同意，但遭部份守舊人士反對，於是由當時在南京的譚嗣同親自赴上海疏通，力邀梁氏入湘講學。光緒二十三年十月，梁氏偕西文總敎習李維格、分敎習韓文舉、葉覺邁同赴湖南就任。梁氏乃依「萬木草堂小學學記」爲藍本，撰寫時務學堂學約及章程，抵湘後復與譚嗣同等多人商議後始行公佈，其學術方針以經世救國與陶鑄政才爲宗旨：「中學以經義掌故爲主，西學以憲法官制爲歸。」[28]梁氏當時主持時務報，撰變法通義十餘篇，立論切合時弊，筆端常帶感情，「舉國趨之，如飲狂泉」，「自通都大邑，下至窮鄉僻壤，無不知新會梁氏者」[29]。梁氏入湘於時務學堂講學，每日講課四小時，除借公羊、孟子發揮民權的開明思想外，並抨擊清廷錯失，傳播革命思想，造就出許多傑出的愛國青年，不僅「開中國近代學校之嚆矢」[30]，也使時務學堂名聲遠播，成爲新式學堂中的典範。

至於學會方面，甲午戰後，全國各地學會如雨後春筍紛紛設立。學會之勃興代表知識份子救亡圖存心切，以及國家興亡匹夫有責的使命感，此外，亦反映出晚清思潮的轉變——由排斥西學到有原則的西化的傾向，例如「中體西用」說的流行，即爲明證[31]。現謹以在湖南省最具代表性的學會之一——南學會爲例說明，南學會就是由譚嗣同等仕紳基於禦侮救亡的愛國赤誠所創立。光緒二十三年十一月廿一日譚嗣同籲請設立南學會，次年二月一日正式成立，會址設於省城長沙，其組織係由巡撫（官方）遴選十位仕紳，繼由此十人各舉所知，輾轉相引，成爲學會會員。公舉「學問深邃，長於辯說」的學者爲講論會友主持講論會，以「開濬知識，恢復能力，開拓公益」爲宗旨[32]。當時公舉皮錫瑞主講學術，黃遵憲主講政教，譚嗣同主講天文，鄒代主講輿地。每七日集衆講學，析論萬國大勢及政學原理，啓導湖南人士從事新政運動[33]。遇有地方重大興革事項亦進行討論，提出具體方案，供省政當局參考採行，深具社會地位與影響力，入會者十分踴躍，計達一千二百餘人之多，儼然成爲新政運動的領導中心[34]。南學會成立後效果極佳，湖南各州縣紛紛設立各類學會與之呼應，社會活力大爲蓬勃，湖南尊新崇變之風氣爲之大開。

至於報紙方面，謹以湘報爲例作一說明。在南學會成立的同時，湖南士紳熊希齡、譚嗣同、唐才常等創刊湘報，每日一刊，以爲維新志士發表言論的園地，於光緒二十四年二月開始發行，光緒廿四年五月間停刊。熊希齡爲主持人，唐才常擔任主筆，譚嗣同等從旁協助。「專以開風氣，拓見聞爲主。」[35]「義求平實，力戒游談，以輔時務、知新、湘學諸報所不逮，亦使圓顱方趾，能辨之無之人，皆易通曉。」[36]主要內容包括：論說、奏疏、電旨、公牘、本省新政、各省新政、各國時事、商務……等等。每日出刊，傳播效果遠較旬刊爲著，益符日新又新的涵義。湘報創刊後，高唱民權平等，成爲當時湖南維新份子宣揚變法的重要言論園地。梁啓超曾譽湘報云：「雖發行未匝歲，而見錮於清政府，然湖南人自此昭蘇；後此奇才蔚起，以締造我中華民國，湘報之賜也。」[37]

第三、提高紳權，以爲社會中堅力量，藉以促進民權，達到政治革新的目的。

南學會的成立，不僅具開啓民智的一般學會功能，並蘊涵特殊的政治意義，乃有計劃地模仿地方議會的形式，培育紳權，消極地以防列強瓜分中國後，可保湖南自立，存黃種於一線，積極地可伸張民權，促進政治革新。

南學會成立之時，充滿了事先準備以有效因應瓜分危機禦侮救亡的時代使命感，關於這一點梁啓超說得很清楚：

「蓋當時正德人侵奪膠州灣之時，列强分割中國之論大起，故湖南志士仁人作亡後之圖，思保湖南之獨立。而獨立之舉，非可空言，必其人民習於政術，能有自治之實際然後可，故先為此會以講習之，以為他日之基，且將因此而推諸於南部各省，則他日雖遇分割，而南支那猶可不亡，此會之所以名為南學也。」[38]

譚嗣同則較梁氏更爲大膽，明快了當地向巡撫陳寶箴提出所講「善亡」之策。其上陳寶箴書云：

「亡者，地亡耳，民如故也，豈忍不一為之計耶？語曰：『善敗者不亡』。嗣同請續之曰：『善亡者不亂』。……國會者，羣其才力，以抗壓制也。湘省請立南學會，……國會卽於是植基，而議院亦且隱寓焉。……不幸而匕鬯有驚，鐘簴無固，度力不能爭，卽可由國會遣使，往所欲分之國，卑詞厚幣，陳說民情，問其何以待之？語合則訂約以歸，不合，然後言戰，亦未為晚。……無論如何天翻地覆，惟力保國會，則民權終無能盡失，於有民權之地，而敢以待非澳棕黑諸種者待之，窮古今，亙日月，可以斷其無是事矣。」[39]

由上述引文可知，譚嗣同的「善亡」之策的重點之一，在於紳權或民權的強化[40]。提昇紳權，強化民權的功效，在消極方面可作中國被瓜分後的救亡準備，因爲有民權的地方，民智及政治水準有一定的高度，當可受到列強的尊重，而不致淪爲被視爲文明落伍的非洲黑人而施以奴隸般的不當對待；積極地可作爲邁向政治民主化的推動力。

第四、提倡倫理革新，以自由、平等的新人倫作爲改革政治的基礎。（按：關於這點，請參閱本論文第四章、第一節「譚嗣同政治思想之剖析」及第三節「譚嗣同社會倫理思想之剖析」，在此不作重覆。）

第五、主張以積極求富的樂利觀念爲基礎，振興經濟，講求商戰，以經濟建設配合民權，達成政治改良。（按：關於這一點，已於本論文第四章、第二節「譚嗣同經濟思想之剖析」中詳加析論，在此不作累述）

第六、提倡日新的進化觀念，倡言「日新」之可貴，促成時人建立尊新崇變的積極心態，能夠勇於迎向危機時代的挑戰。

譚氏重視日新的觀念，在《仁學》中屢屢提及，例如：「天以新爲運，人以新爲生」、「天地以日新，生物無一不瞬新也。今日之神奇，明日之腐朽，奈何自以爲有得，而不思猛進乎」？（請參閱本論文第三章第二節：「仁學的思想理則：『仁——通——日新——平等』」，此處不再累述。）在湘報發行後，譚氏更撰文特別強調日新的涵義向一般民衆宣導，他甚至提出中國與夷狄分辨的標準，不在地域的不同，而在新、舊的差異。他說：「舊者，夷狄之謂也，新者，中國之謂也。若守舊，則爲夷狄，若開新，則爲中國。」以此來激勵國人日新又新，勇猛精進，戮力革新，可以說是一種推動變法的心理建設。

以上，爲譚嗣同變法策略。綜合看來，譚嗣同的變法策略相當完整，就其內容和晚清以來的變法論者相較，雖有一些創見，但也有相當多重複的地方，我個人認爲這些重複並非代表他的策略不夠突出，而是這些重複的部份如廢科舉、興學校、辦學會、辦報紙開風氣、主張商戰、高唱日新進化觀念……等，實爲晚清變法論者長久思索後逐漸形成的共識。因爲人類的智慧除了獨創之外，尚須承續前人的經驗，要靠累積的功夫，這是不容否認的事實。對譚氏比較合理的評價方式，我認爲似乎應：一、我們應檢視一下譚氏的變法策略是否成其一套有系統的方案？其策略性思考能力及整合能力如何？二、我們應檢視在譚氏的變法策略中那些具有獨創性？而且對後世有深遠的影響。三、我們應看一看譚氏的策略到底反映出什麼樣的政治路線的特質？這些特質是否與他的政治主張吻合？四、他的變法策略從理論到實踐到底如何？是否具體可行？在戊戌變法乃至在晚清政治思想史上有何特殊的歷史意義？關於這些，將於下一章「結論」中加以析論。

附註

❶〈全集〉、〈治言〉、頁一〇四。
❷同❶。
❸同❶、頁一〇四～一〇五。
❹同❶、頁一〇五。
❺同❹。
❻同❶。
❼同❶。
❽同❶、頁一〇九。
❾同❶。
❿《全集》、〈記洪山形勢〉、頁十七。
⓫《全集》、《石菊影廬筆識》、〈學篇〉、頁二五三。
⓬《報貝元徵書》《全集》、頁四〇七。

⑬《全集》、「上歐陽瓣薑書」、頁二九七。
⑭《全集》、〈短書〉、頁三八九～三九〇。
⑮同⑭、頁三九〇～三九一。
⑯同⑭。
⑰同⑬、頁二九六。
⑱《全集》、〈上歐陽瓣薑書二〉、頁二九七。
⑲同⑭、頁三九四～三九五。
⑳同⑭、頁三九六。
㉑《全集》，〈報貝元徵書〉，頁四〇七。
㉒〈瀏陽興算記〉，湖南歷史資料，一九五九年第二期，頁一四四。
㉓《全集》，「上歐陽瓣薑書」，頁二九五。
㉔〈瀏陽興算記〉、湘報類纂中集（中）頁一一九。
㉕梁啓超，《戊戌政變記》，頁一三〇。
㉖《全集》，〈湘報後敍下〉，頁一三八～一三九。
㉗陳寶箴，〈時務學堂招考示〉，湘學新報，頁二〇三。
㉘梁啓超，《飲冰室合集文集》卷二，頁二十三，〈萬木草堂小學學記〉。
㉙胡思敬，《梁啓超傳》，《戊戌履霜錄》，卷四。
㉚梁啓超，〈時務學堂劄記殘卷序〉，丁文江《梁任公年譜長篇》（上），頁四十三。
㉛參見王爾敏，《晚清政治思想史論》，頁一三四。
㉜梁啓超，《戊戌政變記》，頁一三七。
㉝同㉜。

㉞ 林能士，《清季湖南的新政運動》（一八九五～一八九八），臺大文史叢刊，頁五十二。
㉟ ＜湘報館章程＞，刊報凡例第五條。
㊱ 唐才常，＜湘報序＞，湘報類纂甲集（上），頁一。
㊲ 梁啓超，《飮氷室文集》、卷七十五，頁三。
㊳ 同㉜，頁一三八。
㊴ 譚嗣同，＜秋雨年華之館叢脞書＞，湖南歷史資料一九五九第四期，頁一三三。
㊵ 譚嗣同所提出的善亡之策有二，一曰「國會」，一曰「公司」。所謂「公司」，卽湖南省內凡屬利源所在機構，一概以民間「公司」名義，避免亡國後被徵收；所謂「國會」，卽以南學會隱寓議院，強化紳權，萬一中國滅亡，則作爲亡後湖南之領導機構。

第六章　結　論

經由前面各章的層層析論，我們對於譚嗣同如何根據他種種特殊的心路成長歷程，歷經不斷地掙扎、質疑、充實、成長，最後終於集聚畢生心力之結晶，完成《仁學》；再由《仁學》的思想理則及批判意識出發，針對當時中國知識份子所面臨亡國滅種、文化解體的歷史處境及現實環境，積極求變，提出變法的理論及策略，並在能力所及的範圍之內全力實踐……；有了相當的瞭解。

現在，筆者將基於此一基礎，試將本文作一結論。結論主要包括兩個部份：首先，精簡地將譚嗣同變法思想的形成、理論、策略、實踐作一歸納，然後，再將譚嗣同變法思想放到晚清政治思想史中作一觀察，藉以分析他有何特殊的歷史意義與影響。

首先，我們將譚嗣同的身世、人格特質與思想之相關性精簡地歸納如下——譚嗣同的思想主要來自於他對他一生所經歷的種種存在處境的感受和反應，包括他特殊的身世、性格、成長歷程以及國家面臨瓜分、傳統文化面臨解體的時代衝擊。一言以蔽之，他的一生與常人相較，可說是充滿了存在的悲苦與對生命的疑惑，因而逼使他找尋解答，消極地盼能消解痛苦，積極地則盼能確定人生的目標，追尋有價值的人生，全力以赴，以得其所哉。

十二歲那年的一場瘟疫：「五日三喪」，不僅奪走他母親、伯兄、仲姊的生命，使他自此永遠喪失了母愛，受到庶母的歧視與虐待，更讓他從小親身經歷了親人死亡的痛苦與和死亡搏鬥的特殊經驗（曾昏迷三日，死而復生）；造成他自幼及壯，遍嚐倫常之厄，幾瀕於死的痛苦生活經驗，種下他日後抨擊名敎、衝決網羅的叛逆種子，同時也因而影響到他少年豪放的性格的發展；但在豪放行爲背後的內心深處，「五日三喪」的悲痛更讓他自幼以來內心即被死亡的陰影給籠罩，死亡常扣擊他的心扉，一方面使他自此益輕視生命，養成他敢人所不敢的頑強性格，視死如歸，魄力絕倫，不避忌謗的氣概；另一方面也開啓他對人生終極關懷的探索以及逐漸形成一顆悲天憫人，捨己爲人的宗敎心靈與濟世情懷。這種宗敎的悲憫與捨己濟世的精神，在他廿五歲那年，惟一相依爲命、最相善的仲兄嗣襄（嗣同與其父、其妻相處並不融洽甜蜜）病逝臺灣之後，有愈來愈明顯的趨勢。他讀莊子解憂，喚鬼一探究竟，但未能解惑，於是廣泛地涉獵基督敎、我國民間宗敎（在理敎），最後歸於大乘佛學，來消解死亡的陰影，安頓生命的無常。

十四到二十歲，正値青春火烈的少年時代，因父親任官甘肅，譚嗣同得以暢遊大江南北、邊塞內外，西域鎭將爲他殺牛、歡呼，河西少年對他舉拳相迎，北國壯麗的山河，塞外男兒的豪健風格對他產生極大的形塑作用，他能豪飲，好任俠，不顧門第觀念，結交江湖俠客、善擊劍、精騎射，對科舉反感……，養成了俠客的性格與作風，同時喜讀《墨子》，對於墨子的兼愛及摩頂放踵爲利大衆而義不反顧的精神推崇備至，對於他日後的行爲及《仁學》的思想，有相當大的影響。從二十一歲到二十八歲，是他遍遊全國名山大川，見識訪學的時代。在此之前，在文化觀念的立場上，譚嗣同係站在「華夏之道不可變」的中國本位保守心態（「治言」卽可反應此一文化態度），但經過青年訪學期的磨鍊，除增加他對社會基層的瞭解外，更開拓他的心胸及知識領域，雖然參加科舉一再落第，但其對中國各種政治哲學、學術思想如王船山、張橫渠、黃黎洲……研究卻日益精進，同時愈來愈能極研其理，貫通古今，切合時弊，學力日增，心態也日漸廣濶。因而在結識吳樵、英國傳教士傅蘭雅之後，能以虛心、開濶的求知態度，在中國知識的基礎上，不拘泥於傳統的本位心態積極追求西方學術，努力充實新知。三十歲（西元一八九四年）中日甲午戰爭爆發後，是他思想急遽轉變的起點，也是他變法思想逐漸成型的起點。地球全勢忽變，山河頓異，人民復非，亡國滅種的刺激，激發出他強烈的危機意識，從此他的思想由保守邁向積進。他的「上歐陽瓣薑師書二」、「報貝元徵書」及在其故鄉瀏陽興算的思想言行，均說明此一轉變。因此，一八九〇年代，不僅正值中國政治危機（亡國滅種）與文化危機（傳統文化動搖）的動盪時代，也恰是譚嗣同思想邁向成熟的年代。此時，他一方面發願要在有生之年遍見異人、異事、異物之外在知識外，也循著他宗教心靈的發展，對於「心力」的信念及內在修養展開探索，傅蘭雅所推介的「治心免病法」對他是一大啓發，而在金陵任後補知府的種種心靈上的陰暗、困頓，更是刺激他加強進一步探索的原動力，後師事楊文會學佛，鑽研華嚴、相宗，終於自認爲求得「心源」，決心發願救中國人民於水火乃至救全世界、全人類及一切苦惱衆生。於是「冥探孔佛之精奧，會通羣哲之心法，衍釋南海之宗旨」，以「宗教之魂，哲學之髓，發揮公理」，撰成《仁學》一書，告別他多年來存在的悲苦與對人生的疑惑，信心十足，熱情洋溢地獻身於變法維新進動，迎向他那求仁得仁的事業！《仁學》的寫作與完成，代表譚嗣同一生心路歷程的總結，是他個人一生思想的巔峰！（日後的推行湖南新政及參與京師變法，乃至於殉難，據筆者看，不過是其《仁學》的實踐、心力的呈現罷了。）

由他的心路發展歷程，一直到《仁學》的完成，我們可以清晰地了解到他的思想與他的身世、人格、人生際遇與歷史處境有多麼密切的關係。他的性格含有俠的縱放不拘，愈挫愈奮、愈扣愈鳴的特色；也含有「一死生、齊修短、譏倫常、笑聖哲」的老莊曠放遼濶與反名教的特性；亦含有墨家，輕生死，重信諾，「以爲塊然軀殼，除利人之外，復何足惜」的博愛與功利主義精神；同時也含有中國儒家傳統的仁愛精神、道德理想與致世濟民的襟抱（按：譚嗣同雖然反名教，但並無反孔，他反的，是他認為「不仁」的，被世俗君主僵化、利用的禮教，而非儒家的仁及道德理想）；也包含了基督教、佛教捨身救世，超越種族界線，關愛全人類的救世理想、世界主義的精神。精簡言之，他的性格與思想主要是由俠的衝決叛逆、墨的博愛平等、儒的道德理想、經世精神，以及佛的慈悲、救世情懷等綜合而成；含有強烈的批判意識、道德理想及超越精神，希望努力使這世界能從「不仁」的現實中超拔提昇，進於「仁」的理想境界。而《仁學》正是他基於這一種特殊的人格特質，將其在心路歷程中所吸收、產生的種種思想觀念，加以整合、淬鍊以哲學作品的形式表現出的結果。而《仁學》所流露的精神，也正是他特殊人格特質的自然映照、自然流露，《仁學》的理想，也正是他歷經長久思索後判定的人生目標與所欲追尋的價值。苟明乎此，我們對他那麼專注、熱情的政治參與及放棄逃亡慷慨死難的選擇就不難理解了。

現謹就《仁學》思想如何從批判意識及超越精神出發，到變法思想的提出與實踐作一精簡之歸納——

譚嗣同的《仁學》雖然內容顯得蕪雜，思想體系也欠嚴謹，但如去其蔓枝，掌握主幹，我們仍能清晰地發現他的思想理則，掌握他思想發展的脈絡：

《仁學》的學說精神與思想在於以「仁」爲中心的展開。仁不僅是最高的道德價值，一切道德的總滙，人應追求的最高理想境界，同時亦是一種「天人合一」，「通萬物人我於一體」的宇宙觀。因此，其學說的根本精神在於以仁爲核心的道德理想。因而，必須積極求仁，努力實踐，以行仁於天地之間，具有強烈地淑世性格及實踐信念，具有要求改革現況不妥處的強烈批判精神。

譚嗣同的思想體系當中確有唯心論與唯物論之矛盾，但就整體觀之，唯心的色彩較濃。不過，我們在此實不必要爭辯此一問題，與其爲某些歷史解釋的政治框架爭辯，倒不如跳開此一爭論，客觀地就其思想發展的根本——其思想理則來看，不難發現其思考的基本理路爲：「仁——通——日新——平等」。「通」之象爲「平等」，因此要打破一切歧視、一切不合理的差別對待，要通「內外」、「上下」、「男女」、「人我」……，以達於平等。「通」不僅是一時性的要求，更須恆久的努力，時時淬勵奮發，自強不息，以求貫徹，於是強調日新在實踐中的重要性。在「仁——通——日新——平等」的思想理則中，尤以「通」具有最令人震撼、打倒障礙的實踐意義。因爲欲求仁、欲達平等，必須要能通，而通就必須勇於打破、衝毀一切「不通」的障礙，也就是要打破或衝破「塞」的人爲不平等，因此，通不僅是求仁的手段，實踐仁的必經過程，也是向各種政治、社會、經濟、文化……一切人爲不平等、不合理現象或造成這些現象的權威挑戰，因此，通，就積極意義看，是求仁得仁的必經之路徑；就消極意義來看，通實係在欲行仁於天地萬物人我之過程中，必須去打倒一切不合理的現象及支撐這些現象背後的權威的抗爭手段，亦即「通」在實踐過程中具有一種反抗不合理權威的衝撞精神。

在這種高度的抗議、反叛精神的堅持下，譚嗣同終於大膽明確地提出「衝決網羅」的口號！要衝決一切舊包袱、舊思想、舊陋習，……，因爲如不能全力衝決，勇於批判、抗議既有的不合理，則積極求仁將永遠是紙上談兵，遙不可及，因此，「衝決網羅」成了譚嗣同標榜的行動號召，成爲積極求變的促進手段。

然而理想與現實之間實有太大之差距，人生不如意事，十常八九。既然世事不能盡如人意，只有但求無愧我心。在現實步步危機，困阨重重的艱險奮鬭中，要如何完成心理建設，勇於以一己之力發揮「雖千萬人吾往矣」，「知其不可爲而爲之」的道德勇氣與理想的堅持呢？譚嗣同提出了一種近於宗教情操的心理依據——「心力」。一切由心成之，由心毀之，心力無所不至，因此，只要本此心力之信念，全力奮鬭，應可以心挽刼，拯救中國乃至世界人類。其思想發展至此，已呈完整之體系，從道德理想、宇宙觀落實到現實生存境界之關懷、批判及提出必須努力改善的道理。

因此，譚氏乃依據上述仁學的道德理想與批判意識，針對他當時身處時代的種種現況，提出批判及興革之道。他的現實關懷包含政治、經濟、教育、文化、社會倫理等各方面。其主要政治主張爲：一、發揮儒家「君末民本」思想，強烈抨擊君主專制之不合理，打破「君權天授」觀念，而代之以「君權民授」觀念，已孕藏一部份革命思想。二、徹底批判支撑君主專制的理論——名教，以期徹底打破「君爲臣綱」的不合理，促使國人重新檢討政治上孰爲本、孰爲末的關係。三、激烈批判異族入主中國，主張排滿，高唱漢民族主義，其激烈主張與革命僅隔一線。四、同情基層民衆，對洪楊等民間反政府行爲予以同情或加以辯護。

五、選擇以士階層爲主力，從事變法，以圖政治改良，主要係有鑒於中國民智普通低落，因而在革命與變法的交叉口，被迫選擇了變法。其經濟思想的主要論點爲本樂利原則、尙動觀念，主張「黜儉崇奢」，積極發展工商求富，以謀根本之解決。其要點爲：一、主張應大量機器化，除惜時外，並提高生產效率。二、主張開放對外通商，與外人進行商戰，以爭取經濟權益上的反敗爲勝。三、主張扭轉民衆保守之不當觀念，力求實學，振興工商以救國。四、主張採國際合作的方式來換取中國經濟建設之機會。五、以經濟配合民權的發展，追求整體進步。其社會倫理思想尤其具有反傳統之特性，其要點爲：一、認爲名教乃在上者爲鞏固一己私利用來壓迫在下者的統治工具，故應打破。二、對傳統婚姻及婦女受歧視表示抗議。三、反對貞操觀念，主張開放性教育。四、主張以合於自由、平等的朋友之倫爲基礎，重新建立新人倫，解決三綱之害，創建平等和諧之社會。

爲有效實現上述理念，將思想落實於實際，譚嗣同提出了一套變法策略，其策略分爲兩個層面，第一個層面在於提出一套中國必須積極求變的理由，第二個層面在於提出一套行動方案，作爲變法的政治綱領。關於前者，譚氏提出「器體道用」及「變法適又復古也」的理論，扭轉了時人過於抱殘守缺，不敢突破中國本位的心態，促使國人樂於大量酌採西法以求變，不必爲良心不安，因爲「適又復古也」！至於行動方案，其要點爲：一、主張教育革新、講求實學、倡導知識報國。二、主張塑造新民，啓廸民智，以爲建設新中國之基礎。三、提高紳權，藉以促進民權，爲社會塑造中堅力量。四、提倡倫理革新，以之作爲政治革新的基礎。五、以積極求富的樂利觀念，振興經濟，講求商戰，以謀經濟救國。六、提倡日新、貴今之進化觀念，提醒國人勇於變革，有效因應時代的新挑戰。

除提出變法思想、因何須變的理由、變法策略之外，譚嗣同尚藉在湖南推行新政之機會，將種種理念加以實踐，以作嘗試，先小試於一縣、一省，以爲日後全國變法革新之參考。在湖南推行新政工作，譚氏是最積極、也是開風氣之先的最重要士紳之一。他在瀏陽興算，首創湖南新學堂的起點，他力邀促成梁啓超入時務學堂講學，使時務學堂成爲作者英才的新學制的模範，開近代學校、學風之嚆矢。他請設南學會不僅爲湖南作「善亡」之應變準備，並提昇了民權，孕藏議會之規模，並推行講論會，促使社會教育之發展；再配合湘報之發行，啓廸民智，開創風氣，其貢獻不僅止於湖南，更可說是戊戌變法之先導。而其具體的實踐風格與事迹，適足以彌補部份康梁變法時期有志未伸，缺乏實際政績的缺憾。

綜觀譚嗣同從仁學的思想理則、批判意識出發，到時現實關懷、反省傳統，提出變法對策、行動方案，乃至嘗試實踐，我們發現，其變法思想從理論到實踐有其相當完整的連貫性，足以獨立成一系統。換言之，其仁學固然是自成一思想系統，其變法思想亦可獨立於康、梁之外，自成一完整系統。假設卽使沒有康有爲的影響，依據譚氏的思想發展過程及轉變來推論，譚氏也會走向變法，而且是積極求變的道路。

以上是對譚氏變法思想，從批判意識出發，由思想邁向實踐所作一精簡的歸納。現將進一步，將譚氏思想擺在晚清政治思想發展史當中作一觀察，藉以分析他有何特殊意義。在此，我們必須先提一下晚清的學風。因爲，晚清政治思想的發展與晚清的學風有相當的關係。影響清代學術思想發展的因素，除了一般學界所熟知的西力的衝擊之外，中國傳統學術思想內部的蛻變，也是促成晚清思想相當重要的變動因素❶。晚清的學風有下列幾點明顯的特性：其一、儒家致用精神的復甦：例如興起於雍乾之世的揚州學派，揚州學派的宗師可推戴震（一七二四～一七七七），即開始對漢學只重考據缺乏政治社會意識作自覺反省，其為學不僅限於考據範圍，更倡義理，以實用經世為正學。戴震雖不為時賢所重，但已開風氣之先，待汪中（一七四五～一七九四）、焦循（一七六三～一八二〇）、阮元（一七六四～一八四九）等繼起，揚州學派終於發揚光大，經世精神蔚為時代學風。又如興起於嘉道之間至道光季世大盛的公羊學，像龔自珍（一七九二～一八四一）、魏源（一七九四～一八五七）即是藉公羊之義批評時政最切者，魏源曾編《皇朝今世文編》，於序文中明言學問之價值貴能致用，又撰《海國圖誌》，實開介紹西學之先聲。儒家致用精神的復甦主要有兩大影響，一是喚醒時人追尋以《大學》為模式的身心鍛鍊，以做好由內而外「誠正修齊治平」的治平大道；一是以功利主義為本，達成追求富國強兵的具體目標。其二、先秦諸子學的復活：由於學貴致用，學者漸突破儒學之界線，兼涉諸子。如汪中之研究《墨子》，不以《墨子》為異端，且稱之為救世之學；焦循更倡「變通」之說，視異端乃偏狹之見，主張破除門派，適時通變；又如凌廷堪及稍後的愈樾之研究荀子都是開晚清諸子思想勃興之先河。其三、大乘佛學的興起：光緒後期，佛教思想在楊文會的大力提倡下，在中國知識份子間復甦，其中尤其是唯識宗引起知識份子相當的研究興趣。無論是諸子學的復甦或大乘佛學的興起，對於中國傳統文化的內部都造成相當程度的激盪，尤其是大乘佛教中所蘊藏高度的超越意識——超越一切狹隘的羣體意識和界域觀念，而放眼世界，關懷全人類幸福的思想傾向與中國傳統學術思想的世界精神、濟世情操相融和，為晚清的學術精神注入了強烈的批判現況、追求理想的精神❷。

晚清政治思想的發展，當然直接受到內憂外患實質的刺激而產生，但也多少受到上述學風的孕育與影響。持平地說，晚清的政治思想之發展，是由上述學風與內憂外患共同孕育、刺激而成的。

從晚清政治思想的發展趨勢來看，晚清的政治思想主要是由洋務論（自強運動）、變法論及革命論等三個階段爲主軸而形成的❸。從發生時間之先後來觀察，以洋務論（自強運動）發生最早，繼之以變法思想，再繼之以革命思想。三種思想雖繼往開來，但在新舊交替之時，新思想常發生於舊思想未盡褪色之前，如咸同之際，自強運動正蓬勃興隆，然變法思想已有其胎；又當光緒季世，甲午之後，變法思想經三十年之激盪，已成風潮，卒有戊戌變法之一幕，但正當此時，孫中山先生所倡導的革命思想與行動亦已見端倪。大體而言，整個晚清政治思想流變的大方向，是在西力衝擊與傳統內部蛻變的雙重激盪下，由中英鴉片戰爭前所抱持的天朝觀逐漸邁出，作一些自覺性的調整與應變，主要的發展趨勢係由洋務論，走向變法論，再走向革命論。洋務論以咸、同、光時期的自強運動爲代表，由於深感西洋武力的優越性，乃抱著「師夷長技以制夷」的心態，致力國防軍備的現代化，兼及自然科技知識的講求，在具體建設方面，較著重於船堅礮利「器物層面」的革新；由於洋務論僅觸「皮毛」，「未能洞見其肺腑」，於是乃有更深刻的變法思想的提出。變法論者逐漸藉著道、器的討論，引伸出中學、西學孰爲本末，體用之探討，進而引出西學亦有可取之處之論點，認爲西方科技在器物層面之外，亦有學理、政制之根據……，因此，變法論者以爲西方之富強有比軍備更重要的因素，那就是西方的政教制度及文化，因而關切重點集中在政治層面的革新；而革命論起源較晚，主要以排滿革命之激進手段和變法論有顯著差異，至於追求目標及所欲建設的理想，就長程觀之，事實上殊途同歸，均爲追求中國之獨立自立，文教發達、民權日倡，富強康樂，乃至於世界大同。⑤

晚清變法思想初發於同治初，而大盛於光緒甲午、戊戌之間，歷時四十餘年。龔自珍的「著議」、「胎觀」之譏評時政，可視於變法之先聲，但較顯著的變法思想則以馮桂芳著《校邠廬抗議》開始，繼馮著之後，鄭觀應、王韜、郭嵩燾、薛福成、湯震、陳糺、張自牧、何啓、胡禮垣……等變法家所提主張更爲精進，經長期蘊釀終於至甲午、戊戌間風氣丕變。一般而言，晚清變法家依其背景之不同，大致可分爲下列三種主要類型：一、爲本土型的變法家：例如康、梁、譚嗣同等。其變法思想淵源以中國傳統的學問爲主（如康有為以公羊今文學、譚嗣同以橫渠、船山學說為根底），以當時翻譯的有限西書爲輔。他們並不通曉西方語文，在戊戌變法以前也未曾到過西方，對於西方文化從典籍到具體生活，均缺乏直接觀察與了解。但因精通傳統學問，又有士紳或功名支撐，對社會大衆有相當影響。二、爲留洋型的變法家：例如王韜、郭嵩燾、薛福成、嚴復、馬建忠、胡禮垣、何啓等。他們或訪學西方，或出使英法，或留學歐洲取得學位、或久居香港，受西學薰陶甚深，對於西方文明、社會有直接的觀察和理解，在對西方的認識上，見解自然較本土型深刻得多，但在當時（甲午前）風氣未開之世，此一類型之變法家常被視爲「邊際人」（marginal men），其超越時人的先進之言論，常得不到社會大衆的共鳴，甚至反而遭受守舊人士之奚落或刻意漠視。雖然如此，這一類型變法家的思想，卻常對一些自覺性較強的本土型的知識份子有所啓發，故仍有其相當貢獻。三、爲開明官僚型：例如綜合時賢意見，提倡「中體西用」，以應時變的張之洞。由於身在宦途，因此，作風較爲穩健，且於政治立場上傾向保守、維護既有體制的態度。他們反對康梁的激切、躁進，雖似嫌頑固，但在從政官僚中當屬開明派無疑，且確曾具體地在權責範圍內推行新政。[6]

綜合當時變法論者的意見，關於「法之當變」的論點，似以下列幾項爲主：一、中體西用論：當時有不少人認爲西方近代文明注重物質層面，以技藝見長，中國傳統文化乃注重精神方面，以倫理道德見長，但畢竟技藝爲「末」，倫理道德爲「本」，因此，中學爲體，西學爲用，亦卽可酌採西學、西法，但應以中國本位出發。二、西學源於中國說：當時許多人每喜以中國固有知識作爲解釋西學之基礎，將西方一切進步的科技、政制、學術、思想盡力附會於中國傳統，認爲均源於中國的古禮、古制、古法。這種論調常衍生出兩種可能，一則爲自我陶醉，蔑視西方，拒不改變；另一則爲苦心巧接，「托古改制」，以積極求變。三、變局思想：認爲中英鴉片戰爭，開三千年國史未有之變局，局勢旣已改變，理應求應變之道，否則無以自存。但如何應變，則各有不同主張。[7]大致而言，變法論者，通常在政治主張上是溫和的漸進式改良派；在思想上，多屬融滙中西文化的調和論者。其所抱持的改革理念與實際作法，要點爲：一、主張知識實用論。二、推崇上古借以貴今。三、抱持進步史觀。四、採和平、漸進的改革手段。五、主張透過商戰、兵戰、學戰，追求中國富強與世界大同。六、尤其關切議會之設立及對民衆啓蒙，培育民力、民智、民德，以爲政治變革之基礎。[8]

透過上述晚清學風的特性以及變法思想的發展還有變法思想內容的共通性來觀察，我們發現譚嗣同的變法思想雖有其創造性，但事實上亦是在晚清學風及同治初年以來四十年變法思想薰陶下的產物。也就是說，如無晚清學風的孕育，如無馮桂芬以降變法論者三、四十年來長期的探索、累積，譚嗣同的變法思想將不會如此完備。尤其是依譚氏的背景分類來看，他屬於本土型的變法論者，不僅不通曉外文，也從未居留歐美，根本不具備直接了解西方的能力和機會，他對西方的認識，除來自當時有限的翻譯書籍外，當來自前輩的影響，尤其是在變法當中具體的興革事項方面，譚嗣同幾乎完全承襲了前輩的心智遺產。不過，譚嗣同的變法思想仍具備了一些其他變法論者所沒有的特質，因而顯示出下列特殊的歷史意義與影響：

一、譚氏的「器體道用論」、「仁——通——日新——平等」的思想理則及其孕育、散發的批判意識可說將晚清的變法論推到了積極求變的最高峰；前者，猛烈一錘，明快地打破了舊有的體用觀念，鼓勵大家以樂於盡採西法的態度來融滙中西，以謀革新；後者，帶動了強勁的批判力及實踐要求，激勵時人全力以赴。這一徹底扭轉守舊積習的強大震撼力，大約只有康有爲的「托古改制」的威力可相比擬。因此，如說康、譚合力將十九世紀改良主義的變革理論共同推到最高峰，似乎當之無愧。（按：此處指的是變革理論，是專指「法之當變」的純粹理論基礎。當然，如就整體變法思想，尤其是具體的興革事項而言，康、梁、譚這些本土型的變法家限於文化條件與接觸環境，其深刻、切實的程度自然無法與留洋型變法家相比較。梁啓超事後亦坦誠檢討：「晚清西洋思想之運動，有大不幸者一事焉，……運動之……中堅，乃在不通西洋語言文字之人，坐此為能力所限，而稗販、破碎、籠統、膚淺、錯誤諸弊，皆不能免」。[9]不過，如單就純粹變法理論而言，康、譚却享有極高的地位和重要性。康、譚之所以費盡苦心創造法之當變的理論，主要是針對國人的思考習慣和文化觀念而來。長久以來國人所抱持的「祖宗之法不可變」、「形而上者之謂道，形而下者之謂器」的觀念，這些根深蒂固的觀念，如不徹底打通，任憑西法、西學多麼動人，也未必被國人樂意採行。因此，康、譚變法，首先須從扭轉此一觀念入手，深諳擒賊擒王的道理。這或許也是變法論到康、譚終能大成的一個重要原因吧？）

二、變法論者的基本特質之一，是採漸進的和平手段，與政權合作來共謀改革，因此，通常不追問政權的合法性。而譚嗣同這位變法論者卻極特別，他既主張排滿又主張變法；既然主張變法，理應採漸進和平手段與政權合作，但卻又猛烈抨擊滿清異族專制政權的雙重不合理性，最後捨革命而採變法的道路。這種矛盾性，一方面是由於受限當時的歷史條件（如他判斷當時中國的社會、經濟條件、國民素質、教育、文化水準尚不足支撐由下而上的革命），在革命與改良的徘徊中，被迫作變法的選擇，但另一方面，譚氏這種雜揉改革與革命的矛盾思想似乎也顯示了當時時代趨勢的走向——固然改革的主張日正中天，但終將在可預見的改革成功遙遙無期或必然受挫之餘，人心傾向與政治思潮將漸從溫和的改革轉爲激進的革命道路（譚氏雖擇變法，但又對清廷缺乏信心）。這種矛盾似乎恰恰點出譚氏是一個站在從改革到革命轉型期的代表人物。而譚氏的力行實踐的性格，如在瀏陽興算、在湖南推行新政，到最後身殉變法的烈士精神，可說是在戊戌變法前後，最能身體力行，死生以之的志士之一。也因爲他這種力行實踐的風格及烈士的死難精神，使得他對時代青年產生極大的啓發與影響。不過很有趣的是，受到他影響而挺身救國的青年，大多屬於革命派的志士；譚死後，梁啓超將《仁學》公布，即曾遭康有爲的極力反對，而同盟會卻大量協助宣傳、介紹。革命志士諸如鄒容、陳天華、吳樾、黃興、焦達峰……，都是譚嗣同的崇拜者，鄒容「最仰慕譚嗣同，常懸其遺像於座側」，[10]焦達峰起義出師時，還供著譚、唐的牌位，而「黃興曾爲兩湖書院生，受譚、唐二人之影響，感於庚子聯軍之恥，悟清廷絕不足與有爲，乃蓄實行革命之志」⑪，而且在黃興等人的心目中，譚嗣同是他們湖南省的革命先烈，而忘了他是變法論者！⑫這實在很有趣的現象，一個變法者的思想、事迹以及個人魅力，竟被大批抱持革命主張的後起之秀繼承、發揚（譚死後，幾乎沒什麼人再立志變法了。這也說明了人心、思想的轉變）。

三、在譚氏的變法策略中，最應受重視、最富前瞻性的當首推倫理革命與新民思想。其新民思想與嚴復主張的啓蒙（開啓民智、發展民力、培育民德）。梁啓超的新民說，可說是英雄所見略同，這種於政治改革之外，深入到民族性的改造，實在是甚具遠見。而政治革新應以倫理革命爲先的主張，更是切中中國傳統專制政體的要害，是一項極深入的見解，新民思想與倫理革命開啓了後來五四時期對中國傳統文化、對儒家思想的全面反省，影響極爲深遠（不過值得注意的是，譚嗣同的社會倫理思想並不等同於五四時期的全面反孔，他對儒家的道德理想與價值仍是尊崇的，大體而言，譚的態度是尊孔反荀，以仁黜禮。他雖然反對三綱，但他對仁的道德理想與價值是堅定的，他反對是被人利用為工具、僵化的、敎條式的，違背了仁的本意的禮。他對三綱的批判及造成的影響，確實是五四反傳統思想的直接源頭之一，但內涵却有所不同）。

四、譚嗣同《仁學》的批判精神、超越意識及其「衝決網羅」的口號，對於中國近代青年反傳統的文化態度、反權威的人格形式有相當大的濡染作用。梁啓超自承其一生志業深受譚氏《仁學》的影響，他說：「復生著《仁學》，每成一篇，輒相商榷，……砥礪……良厚」⑬；又說：「……《仁學》一書，……讀了已不知幾十遍，……一生的事業，大半是從《長興學記》、《仁學》兩部書得來」⑭。戊戌變法失敗後，梁啓超亡命日本，提筆高倡破壞主義，強調破壞是救中國惟一的手段，是一種美德，因爲，欲治中國數千年之沈痼，惟有先勇於破壞而已，「故破壞之藥，遂成爲今日第一要件，遂成爲今日第一美德」⑮，必須先有大破壞，才能有新建設。這種論調簡直就是譚嗣同衝決網羅的翻版！而梁任公這位「多血淚的」言論界驕子以其感情豐沛、扣人心弦的勁筆，風靡了多少熱血青年？例如胡適卽承認在他十幾歲那段最容易感動的時期和他的同學們，讀了不少梁啓超的文章，當讀到「破壞亦破壞，不破壞亦破壞的破壞主義」時，沒有一個人不深受感動的！使讀的人不能不跟他走，不能不跟想。⑯而五四時期的反傳統健將陳獨秀，也深受此一思想淵源之影響。至於北大另一位與青年非常接近的學者李大釗，亦是譚的崇拜者。甚至於連青年時代的毛澤東都深受譚氏思想的影響。毛澤東在湖南第一師範讀書時，因其師楊昌濟（後來成為毛的岳父，亦是譚的崇拜者之一）的提倡，研讀《仁學》、船山學，曾撰「心之力」一文，爲楊所激賞，這篇文章今天雖已看不到了，但我們在毛的其他言論中，仍能很清楚地可以找到他對譚的推崇，例如他說：「前之譚嗣同，今之陳獨秀，其人者魄力雄大，誠非今日俗學所可比擬」⑰。不僅如此，更在其思想方面產生相當深刻的影響：「在強調運動（主動反靜）、鬪爭（衝決網羅）……自我精神、意志（心力）等等方面，毛的思想……並且連某些語言也脫胎於譚嗣同的《仁學》⑱，毛也坦承：「余研究學理十有餘年，殊難極其廣大，及讀譚瀏陽《仁學》，乃有豁然貫通之象。……心力邁進，一往無前」⑲。毛澤東在政治立場上雖是個共產主義唯物論者，但其內在思想頗有相當程度的唯心傾向，而且特別注重哲學，認爲從事政治改造，必先從哲學改造（思想改造）著手。他在一九一七年曾說：「今日變法，……如議會、憲法、總統、內閣、軍事、實業、教育，一切皆枝節也。……枝節必有本源……，夫本源者，宇宙之眞理」。毛所謂的宇宙大本大源之眞理，殆指哲學思想無疑。在此我們並無意誇大譚氏的影響，不過，「從譚嗣同的時代開始，思想改造幾乎是每一位知識份子的共識和共信，便是這種唯心傾向的反映。」[20]（按除了毛之外，有很多例子，例如五四時代的「新青年雜誌」即以思想改造作基本信念；又如國父孫中山先生為推動革命大業，亦提出革命「革心」、《心理建設》等理念，盼能藉思想改造達到促進國民黨員乃至於政治、社會改造的達成；又如五四後自由主義從胡適到殷海光亦多多少少帶有此一傾向。因此這是一普遍的現象，並不僅限於中共）。

總之，譚嗣同的一生雖然甚爲短暫，其哲學思想也未臻成熟，但其特殊的心路成長歷程，他在面臨亡國滅種、傳統文化瀕於崩解的雙重危機刺激下，基於自覺而企圖開創一套新思想體系以心挽刼的努力，以及其學說所呈現的批判精神、淑世情懷、超越意識……，不僅深刻感人，而且對中國近代歷史從晚清到五四（一八九〇年代到一九三〇年代）產生了多方面的影響——兼及於晚清變法思想、辛亥革命、五四新文化運動、現代中國青年性格之塑造及某些政治人物的思想……。或許，其學術思想，就現在較嚴謹的哲學觀點評估，的確顯得幼稚、蕪雜、矛盾、凌亂，但如納入當時的時代背景、歷史發展的脈絡中去觀察、分析，我們不僅不應忽略他對當時社會思想啓蒙的文化意義及所懷抱的悲情、一生奮鬥的莊嚴予以肯定之外；實不能將他僅限於一個參與變法的政治人物的角度來看待，而應發掘他思想的特殊性、歷史意義及對後世多方面的影響。如此，才較易於掌握他在思想史上的意義。

——於一九九〇、二、十四——

附註

❶ 參見余英時、「清代學術思想重要觀念通釋」，《史學評論》第五期、臺北。

❷ 參見張灝、「晚清思想發展試論——幾個基本論點的提出與檢討」，載於張灝等編著：《近代中國人物思想論——晚清思想》，時報、民國六十九年六月。

❸ 小野川秀美著、林明德等譯：《晚清政治思想研究》、「原序」、頁一。

❹ 同❸、參閱「晚清變法論的成立」。

❺ 參見高慕軻（Michael Gasster）撰、古偉瀛譯、「中國政治近代化運動中的改革與革命」，載《亞洲研究譯叢》一、二期，民國六十七年。

❻ 參見汪榮祖、「論晚清變法思想之淵源與發展」、載於汪榮祖、《晚清變法思想論叢》、頁七五。

❼ 上述主張參見王爾敏、在其《晚清政治思想史論》及《中國近代思想史論》中有詳細說明。

❽ 參見汪榮祖、「晚清變法思想析論」、載於汪著《晚清思想論叢》。

❾ 梁啓超、《清代學術概論》、頁一〇一。

❿ 鄒魯、《中國國民黨史稿四編》，頁一二四二。

⓫ 見李劍農、「中山出世後六十年大事記」、載於吳相湘、《宋教仁——中國民主黨政之先驅》、頁二四。文星叢刊，民國五十三年六月。

⓬ 採譚嗣同視爲革命志士的同盟會會員很多，例如黃興有云：「中國革命湖南最先，戊戌之後有譚嗣同、庚子之後有唐才常，其後有馬福益、禹之謨……，又如陳天華、楊篤生……，所死之情形雖異，所死目的則無不同。」（「黃興出席北京湖南同鄉公會講辭」、載於民國元年九月二十二

日民立報）。

⑬ 梁啓超、「三十自述」，《飲水室全集》第三十六册、頁四四。

⑭ 梁啓超、《新小說》、第二號。

⑮ 梁啓超、「破壞主義」、全集、第四册、頁二五—二六。

⑯ 參見「胡適四十自述」。

⑰ 李銳、《毛澤東的早期革命活動》、頁一〇四，湖南人民出版社、一九八〇、長沙。

⑱ 李澤厚、「青年毛澤東」、載於李著《中國現代思想史論》、頁一二七。東方出版社、一九八七、北京。

⑲ 毛澤東、《達化齋日記》、頁一六五。轉引自李澤厚著《中國現代思想史論》、頁一四一。

⑳ 張灝、《烈士精神與批判意識——譚嗣同思想的分析》、頁一三六。

附錄：譚嗣同年表

譚嗣同（一八六五〜一八九八），字復生，又字佛生，號通眉生，又號壯飛，署名華相衆生，又署東海褰冥氏，湖南瀏陽人。清穆宗同治四年二月十三日（西元一八六五年三月十日）生於北京宣武城南孄眠胡同私宅，光緒二十四年八月十三日（西元一八九八年九月二十八日）因戊戌變法失敗就戳於北京菜市口刑場，享年三十四歲。著有《仁學》、《寥天一閣文》、《莽蒼蒼齋詩》、《遠遺堂集外文》……等傳於世，其中以《仁學》影響最大。

譚氏是晚清重要的啓蒙思想家，同時也是一位深具悲劇色彩的狂飆英雄。在亡國滅種的危機下，慨然擔當改良主義運動的急先鋒，最後雖橫刀笑天，身殉變法，但所撰《仁學》乙書，在中國近代思想史上巍然獨立，展現了面臨文化崩解的危機時代，知識份子對於中國文化出路的深刻關懷。康有爲譽之曰：「大哉仁學書，勃窣天爲驚。」梁任公則以「晚清思想的慧星」來媲美，認爲「僅留此區區一卷，吐萬丈光芒，一瞥而逝，而掃蕩廓清之力莫與京焉。」近代大儒熊十力評曰：「戊戌政變，首流血以激天下之動者，譚復生嗣同。……自清季以來眞人物，唯復生一人足當之。」

玆將譚氏生平大事列一簡表如後：

中國紀年	西元	譚嗣同大事記	重大歷史事件
同治四年	一八六五	清同治四年二月十三日譚嗣同生於北京宣武城南孏眠胡同。	阿古柏侵入新疆。捻亂擴大。上海江南製造局成立。
同治五年	一八六六	譚嗣同二歲。	太平軍餘部完全失敗。孫中山先生誕生。馬尾船政局成立。捻軍分東西二支。
同治六年	一八六七	譚嗣同三歲。	清廷派蒲安臣出使各國。東捻軍失敗。天津機器製造局成立。
同治七年	一八六八	譚嗣同四歲。	西捻軍失敗，捻亂平。揚州敎案。中國敎會新報創刊於上海。
同治八年	一八六九	譚嗣同五歲。與仲兄嗣襄從啓蒙老師畢蒓齋讀書，卽審四聲，能屬對。	章太炎出生。中俄簽訂科布多、烏里雅蘇台界約。遵義、安慶敎案。

同治九年	一八七〇	譚嗣同六歲。	天津教案。中俄簽訂塔爾巴哈台界約。
同治十年	一八七一	譚嗣同七歲。	俄強佔伊犁。琉球漁船漂至臺灣引起中日交涉。
同治十一年	一八七二	譚嗣同八歲。從韓蓀農讀書於北京宣武城南，朝夕苦讀，力竭聲嘶，閒暇暢遊附近名勝，兄弟友誼深篤。	申報創刊於上海。詹天佑等第一批學生赴美留學。雲南回變平。
同治十二年	一八七三	譚嗣同九歲。徙居庫堆胡同瀏陽會館。	梁啓超出生。清廷允許各國公使覲見。四川黔江縣教案。
同治十三年	一八七四	譚嗣同十歲。其父譚繼洵任戶部員外郎，延請歐陽中鵠、涂大圍教嗣同讀書，習算學、格致，並研讀易經、禮記、儀禮、周禮。	法越簽訂第二次西貢條約。日軍侵略臺灣，琉球歸日保護。清穆宗死，德宗立，慈禧仍執政。
光緒元年	一八七五	譚嗣同十一歲。父繼洵升任戶部郎中，派往北通州監督坐糧廳，嗣同隨父往通州任所。	雲南發生馬嘉里事件。清廷命左宗棠以欽差大臣督辦新疆軍務。

光緒二年	一八七六	譚嗣同十二歲。北京流行瘟疫，母徐氏、伯兄嗣貽、仲姊嗣淑相繼病逝。嗣同亦遭感染，昏死三日，病癒後，其父為其取字復生。	日本迫朝鮮訂江華條約。四川江北廳教案。中英簽訂煙台條約。
光緒三年	一八七七	譚嗣同十三歲。父繼洵補授甘肅道台，加二品銜。嗣同隨父返鄉掃墓，與同鄉少年唐才常訂交。	左宗棠克復吐魯番和天山南路東四城，阿古柏兵敗自殺。清廷贖回淞滬鐵路加以拆毀。
光緒四年	一八七八	譚嗣同十四歲。隨父赴甘肅蘭州上任。	左宗棠克復天山南路西四城，新疆平定。開平礦務局成立。蘭州製呢局成立。
光緒五年	一八七九	譚嗣同十五歲。從蘭州返湖南瀏陽，拜徐啓先為師。	日強佔琉球，改置沖繩縣。福建延平教案。崇厚與俄簽伊犁條約。
光緒六年	一八八〇	譚嗣同十六歲。	清命曾紀澤使俄，另訂新約。電報局成立。
光緒七年	一八八一	譚嗣同十七歲	曾紀澤另訂中俄伊犂條約，收回伊犂地區。唐山胥客莊鐵路建成。魯迅出生。

光緒八年	一八八二	譚嗣同十八歲。春赴蘭州，冬返湖南應試，落第。在其父令他習作的八股課本上大書「豈有此理」四字，表示不滿。	法軍入侵河內，被黑旗軍擊退。清軍入朝鮮平亂。上海英、美租界電燈公司發電。
光緒九年	一八八三	譚嗣同十九歲。四月初三與長沙李壽蓉之女李閏結婚。是年在其父任所研讀墨子、莊子，並策馬長城內外，鍛鍊體魄，涵養氣慨。	中法戰爭開始。中俄科塔界約簽訂。中俄塔爾巴哈台西南界約簽訂。
光緒十年	一八八四	譚嗣同二十歲。從軍新疆，遊巡撫劉錦棠幕，劉大奇其才。是年中法戰爭爆發，中國自認失敗，嗣同滿心悲憤，作「治言」乙篇。	法軍在諒山、臺灣澎湖均被擊退。慈禧黜退恭親奕訢等，命禮親王世鐸主持軍機處，慶親王奕劻總理各國事務衙門。新疆建省。
光緒十一年	一八八五	譚嗣同二十一歲。再從蘭州返湖南應試，又落第。此後十年遊歷各地，察視風土，物色豪傑，對社會基層產生深刻的瞭解與同情。	馮子材於諒山大敗法軍。法國茹費理內閣倒臺。清廷下詔停戰，簽訂中法越南條款。臺灣建省，駐巡撫。
光緒十二年	一八八六	譚嗣同二十二歲。	重慶教案。中英簽訂緬甸條約。清政府開漠河金礦。天津時報創刊。

光緒十三年	一八八七	譚嗣同二十三歲。	中法簽約劃定中越邊界。清政府興建吳淞炮臺。蔣中正先生出世。
光緒十四年	一八八八	譚嗣同二十四歲。從蘭州返湖南應試，再度落第，再返蘭州。	康有為第一次上書。英軍自印度入侵西藏。北洋海軍編練完成。
光緒十五年	一八八九	譚嗣同廿五歲。拜同鄉儒者劉人熙為師，遍讀船山遺書、宋元學案、明夷待訪錄等。是年，仲兄嗣襄病逝於臺灣。其父繼洵升任甘肅布政使，十一月升任湖北巡撫。	慈禧歸政，光緒帝載湉親政。張之洞奏請興建蘆漢鐵路。張之洞調任湖廣總督。
光緒十六年	一八九〇	譚嗣同廿六歲。侍父赴湖北巡撫任所，進一步精研船山學，作「王志」乙篇。此外，並結交名流，親自考察張之洞在湖北推行之洋務。	中英簽訂藏印條約。四川大足縣教案。湖北鐵路局成立。
光緒十七年	一八九一	譚嗣同廿七歲。是年將嗣襄之遺稿輯為「遠遺堂集外文初編」，以寄哀思。另作「張子正蒙參兩篇補注」。	重慶開埠。蕪湖、宜昌、武穴、朝陽發生教案。
光緒十八年	一八九二	譚嗣同廿八歲。整年在武昌埋首船山學說研究，已知「極研以闡其幽，博覽羣籍以求其異同，切究世變而驗其用。」	俄軍入侵帕米爾地區。武昌湖北織布官局開工。湖北大冶鐵礦建成。

光緒十九年	一八九三	譚嗣同廿九歲。是年夏天在北京結識吳樵，同對西方自然科學產生濃厚興趣，購廣學會譯書一批探索新知。同年於上海結識傅蘭雅，加深其對西學研究之興趣，啓發其酌採西學以救中國的思考。	湖北麻城教案。中英簽訂藏印條款。毛澤東出生。北京、山海關間鐵路完成。
光緒二十年	一八九四	譚嗣同三十歲。中日甲午戰爭爆發，北洋海軍失敗，嗣同深受刺激，悲憤莫名，決心告別過去，專精致思，努力實學，更名「壯飛」，這是他思想急遽轉變的關鍵。	中日甲午戰爭爆發，旅大失陷。孫中山先生創立興中會於檀香山。上海華盛紗廠建立。
光緒廿一年	一八九五	譚嗣同卅一歲。中日甲午之戰我國戰敗求和簽訂馬關條約，全國激憤。康有爲發起公車上書力倡變法，譚嗣同亦下定決心投入社會改革，「上歐陽瓣薑師書二」、「報貝元徵書」及瀏陽興算最能代表他此時的思想與行動。	中日簽訂馬關條約。康梁公車上書。俄、德、法干涉日本還遼。臺灣同胞展開反日抗爭。孫中山先生第一次廣州起義失敗。
光緒廿二年	一八九六	譚嗣同卅二歲。是年經上海再訪傅蘭雅，得見萬年化石，體認進化原理，並得「治心免病法」乙書，啓發對基督教之興趣及對「心力」的看法。赴北京訪康有爲未遇，結識梁啓超，自稱康之私淑弟子。與夏曾佑訂交，接觸佛學。六月赴金陵就任候補知府，深	強學報在上海出版。中俄簽訂密約，俄伸張勢力於東北。清政府創辦郵政。梁啓超在上海創辦時務報。嚴復天演論譯成。孫中山先生倫敦蒙難。

		感悲苦。七月起著手撰「仁學」以爲變法之思想基礎。	
光緒廿三年	一八九七	譚嗣同卅三歲。因不願與官僚同流合汚，內心極爲苦痛，乃師事楊文會學佛，閉門讀書，會通羣哲心法，完成「仁學」一書。十月應湖南巡撫陳寶箴之邀，返湘參與湖南新政之工作。	康有爲第五度上書求變法。商務印書館創立於上海。黃遵憲創湘學新報於長沙。嚴復創國聞報於天津。俄強佔旅大，德佔膠州灣，引起瓜分危機。
光緒廿四年	一八九八	譚嗣同卅四歲。面對瓜分危機，譚氏憂心如焚，乃積極推動湖南新政。四月廿三日清廷開始百日維新，七月二十日，嗣同抵北京，光緒皇帝召見，以四品卿銜在軍機章京行走，參與新政。八月初三夜訪袁世凱，六日政變發生，旋即被捕，八月十三日就義於北京菜市口刑場，史稱戊戌六君子。	嚴復天演論雕版完成。光緒帝下詔定國是。開辦京師大學堂。戊戌變法失敗，康梁亡命海外。列強在中國劃分勢力範圍。

徵引及參考書目

一、史　料

王夫之：張子正蒙注　中華書局　民國四十八年　臺北
王夫之：宋論　里仁書局　民國七十四年　臺北
王夫之：讀通鑑論　里仁書局　民國七十四年　臺北
汪康年、梁啓超主編：時務報　五十六册　臺灣華文書局影印　民國五十六年　臺北
唐才常等編：湘學新報　華文書局影印　民國五十五年　臺北
梁啓超：戊戌政變記　臺灣中華書局　民國四十八年　臺一版　臺北
梁啓超：飲冰室文集　十六册　飲冰室合集本　中華書局　民國二十五年　上海
梁啓超：飲冰室叢書　商務印書館　民國六年　上海
梁啓超：梁任公學術講演集　共三輯　商務印書館　民國十二年　上海
梁啓超：飲冰室詩話　臺灣中華書局　民國四十六年　臺一版　臺北
黃黎洲：明夷待訪錄　金楓書局　一九八七年　臺北

陳三立：散原精舍文集　十七卷　臺灣中華書局　民國五十五年
康有爲：孔子改制考　臺灣商務印書館　民國五十七年　臺北
康有爲：新學僞經考　文化學社　一九三一年　上海
康有爲：大同書　中華書局　一九三五年　上海
康文珮編：康南海自訂年譜　文海出版社　民國六十一年二月　臺北
章炳麟：章氏叢書正續編　世界書局　民國四十七年　臺北
章炳麟：太炎先生自訂年譜　香港龍門書店　一九七六年
湯志鈞編：章太炎政論選集　上下二册　一九七七年　北京
湯志鈞編：戊戌變法人物傳稿　上下二册　一九六一年　北京
賀長齡編：皇朝經世文編　一二〇卷　同治癸酉　江右雙峰書局
張之洞：張文襄公全集　二百廿八卷　文海出版社影印　民國五十二年　臺北
葉德輝輯：覺迷要錄　四卷　光緒二十七年刊本
翦伯贊等編：中國近代史資料叢刊第八種　一九五五年　上海
歐陽予倩編：譚嗣同書簡　上海文化供應社　民國三十七年
譚嗣同：譚瀏陽全集　文海出版社　民國五十一年　臺北
譚嗣同：譚嗣同全集　三聯書店　一九五四年　香港
譚嗣同：譚嗣同全集　華世出版社　民國六十六年　臺北
譚嗣同眞蹟：上海出版公司　一九五五年　上海
嚴復譯：天演論　商務印書館　一九三一年　上海

嚴　復：嚴幾道詩文鈔　文海出版社　民國五十八年　臺北
蘇　輿：翼敎叢編　六卷附編一卷　光緒二十四年刊本
戊戌變法檔案史料：一册　一九五八年　北京
湖南近百年大事紀述（湖南省志第一卷）　一九五九年初版　東京大安株式會社影印（一九六六年十一月）
中國近代思想史參考資料簡編：一九五六年　北京
中國哲學史資料選輯（近代之部）　一九五九年　新華書店　北京

二、專書

丁文江：梁任公先生年譜長編　世界書局　民國四十七年　臺北
小野川秀美：清末政治思想研究　東洋史研究會　昭和三十五年　京都
小野川秀美原著、林明德、黃福慶合譯：晚清政治思想研究　時報出版公司　民國七十一年　臺北
戈公振：中國報學史　學生書局影印　臺北
亓冰峯：清末革命與君憲的論爭　中央研究院近代史研究所專刊(19)　民國五十五年　臺北
王蘧常：嚴幾道年譜　臺灣商務印書館　民國六十六年六月臺一版
王家儉：魏源對西方的認識及其海防思想　國立臺灣大學文史叢刊(9)　民國五十三年

臺北
王樹槐：外人與戊戌變法　中國學術著作委員會　民國五十四年　臺北
王爾敏：晚清政治思想史論　學生書局　民國五十八年　臺北
王爾敏：中國近代思想史論　華世出版社　民國六十七年　臺北
王壽南主編：中國歷代思想家（第九册）　臺灣商務印書館　民國六十七年　臺北
王曉波等編：現代中國思想家（第二册）　巨人出版社　民國六十七年　臺北
史華慈等著：中國近代思想人物論——自由主義　時報出版公司　民國六十九年　臺北
牟宗三：心體與性體　正中書局　民國五十五年　臺北
李澤厚：康有爲譚嗣同思想研究　一九五八年　上海
李澤厚：中國近代思想史論　一九七九年　北京
李澤厚：中國現代思想史論　一九八七年　北京
李　銳：毛澤東同志的初期革命活動　中國青年出版社　一九五九年
李守孔：唐才常與自立軍　中國現代史叢刊㈥　文星書店　民國五十三年　臺北
李文海、孔祥吉編：戊戌變法（中國史專題討論叢書）　一九八六年　成都
余英時：從價值系統看中國文化的現代意義　時報出版公司　民國七十一年　臺北
余英時：中國近代思想史上的胡適　聯經出版公司　民國七十三年　臺北
汪榮祖：晚清變法思想論叢　聯經出版公司　民國七十二年　臺北
吳相湘：宋教仁——中國民主憲政的先驅　文星書店　民國五十三年　臺北
林能士：清季湖南的新政運動　國立臺灣大學文史叢刊(37)　民國六十一年臺北

侯外廬：近代中國思想學說史　二册　生活書店　民國三十六年　上海

胡　鈞：張文襄公年譜　文海出版社　民國五十五年　臺北

梁啓超：清代學術概論　中華書局　民國五十四年臺二版　臺北

孫會文：梁啓超的民權與君憲思想　國立臺灣大學文史叢刊(22)　民國六十一年　臺北

陳乃乾輯譚瀏陽先生年譜　文海出版社　民國六十一年　臺北

馮自由：革命逸史　商務書局　民國三十六年　上海

黃彰健：戊戌變法史研究　中央研究院歷史語言研究所專刊(54)　民國五十九年　臺北

陸寶千：清代思想史　廣文書局　民國六十七年　臺北

張朋園：梁啓超與清季革命　中央研究院近代史研究所專刊(11)　民國五十三年　臺北

張　灝等：近代中國思想人物論——晚清思想　時報出版公司　民國六十九年　臺北

張　灝：烈士精神與批判意識——譚嗣同思想的分析　聯經出版公司　民國七十七年　臺北

張舜徽：清代揚州學記　一九六二年　上海

馮友蘭：中國哲學史　民國六十四年　臺北　影印出版者不詳

傅蘭雅譯：治心免病法　上海格致書堂　光緒二十二年　上海

鄒　魯：中國國民黨史稿　臺北商務書局影印　民國五十四年　臺北

勞思光：中國哲學史　華世出版社　民國六十四年　臺北

湯志鈞：康有爲與戊戌變法　一九八四年　北京

曾近義、鍾賢培編：康有爲思想研究　廣東高等教育出版社　一九八八年　廣州

郭湛波：近代中國思想史　龍門書店　一九六六年　香港
楊文會：楊仁山居士遺著　金陵刻經處　民國八年　南京
楊廷福：譚嗣同年譜　一九五七年　北京
楊一峯：譚嗣同　中央文物供應社　民國四十八年　臺北
褚柏思：佛門人物志　民國六十二年　臺北
熊十力：讀經示要　廣文書局　民國六十七年　臺北
蔣維喬：中國近三百年哲學史　中華書局　民國六十一年　臺北
錢　穆：中國近三百年學術史　商務書局　民國二十六年　上海
蕭公權：中國政治思想史　中華文化出版事業委員會　民國四十三年　臺北
譚丕模：清代思想史綱　開明書店　民國三十六年　上海

三、學位、期刊及會議論文

小野川秀美原著、李永熾譯：譚嗣同的變革論　大陸雜誌卅八卷十期　民國五十八年五月
王　樾：從仁學的思想理則析論譚嗣同「黜儉崇奢」之經濟思想　發表於「第二屆晚清文化與文學思想學術研討會」　一九八八年十二月淡江大學中文系主辦　臺北
王　樾：危機意識與擔當精神——章太炎儒俠觀之分析　發表於「一九八九年章太炎，黃季剛國際學術研討會」　一九八九年三月由香港大學中文系主辦　香港

王　樾：晚清思想的批判意識及其對五四反傳統思想的影響——以譚嗣同的變法思想為例　發表於「紀念五四運動七十週年紀念學術研討會」　一九八九年五月由中國古典文學研究會主辦　臺北

左舜生：譚嗣同評傳　藝文志十九至廿一期　民國五十六年四至六月

石彥陶：譚嗣同的教育思想與實踐　湖南師範學院學報一九八一年三月

石彥陶：論譚嗣同的經濟思想　西北大學學報　一九八四年三月

宋　哲：譚嗣同的政治思想　政治評論二卷十期　民國四十八年七月

李澤厚：譚嗣同的哲學思想和社會政治觀點　新建設　一九五五年七月

何煉成：譚嗣同經濟思想略論　湘潭大學社會科學學報　一九八四年三月

林載爵：譚嗣同評傳　東海大學歷史研究所碩士論文　民國六十四年六月

林瑞明：譚嗣同變通觀的形成與實踐　臺灣大學歷史研究所　史原第三期

邱榮舉：譚嗣同的政治思想　臺灣大學政治研究所碩士論文　民國六十九年六月

姚崧齡：傅蘭雅與繙繹館　傳記文學十六卷一期　民國五十九年元月

胡　嘯：譚嗣同的佛教信仰略議　復旦學報　一九八二年一月

段本洛：社會改革與譚嗣同的悲劇　蘇州大學學報　一九八三年五月

孫長江：譚嗣同是唯物主義嗎？　光明日報　一九五四年五月十五日

唐凱麟：譚嗣同的倫理思想述評　湖南師範學院學報　一九八四年三月

張德鈞：譚嗣同思想述評　歷史研究　一九六二年三月

張家珍：譚嗣同仁學思想研究　文化大學哲學研究所碩士論文　民國六十九年六月

陳敬之：譚嗣同 暢流廿七卷十二期、廿八卷四期 民國五十二年五、六月
黃得時：譚嗣同與臺灣 傳記文學十卷五期 民國五十六年五月
陳慶坤：平等觀念是理解譚嗣同《仁學》的鑰匙 社會科學輯刊 一九八三年五月
湯志鈞：仁學版本探源 學術月刊 一九六三年五月
楊正典：譚嗣同早期思想研究 光明日報 一九五六年五月十五日
鄭鶴聲：論譚嗣同的變法思想及其歷史意義 文史哲 一九五四年九月
劉己達：譚嗣同與大刀王五 中外雜誌五卷三期 民國五十八年三月
劉　航：譚嗣同的民權思想 換州師範學院學報 一九八一年三月
蕭人英：譚嗣同生平與思想 師範大學歷史研究所碩士論文 民國六十四年六月
譚嗣同：王船山的學術思想與仁學 湖南文獻五卷二期一九七七年四月
譚訓聰：譚嗣同夫人事略 藝文誌卅期 民國五十七年三月

國立中央圖書館出版品預行編目資料

譚嗣同變法思想研究：從仁學的思想理則析論譚嗣同的變法理論與實踐／王　樾著--初版--臺北市：臺灣學生，民79，
6.158面；21公分
參考書目：面 151-158
ISBN 957-15-0116-6（精裝）--ISBN 957-15-0117-4（平裝）

1.（清）譚嗣同－學識－哲學　2.（清）譚嗣同－學識－政治
127.82

譚嗣同變法思想研究（全一册）
——從仁學的思想理則析論譚嗣同的變法理論與實踐

著作者：王　樾
出版者：臺灣學生書局
發行人：丁　文　治
發行所：臺灣學生書局
臺北市和平東路一段一九八號
郵政劃撥帳號〇〇〇二四六六八號
電話：三六三三四一五六
FAX：三六三六三三四
本書局登記證字號：行政院新聞局局版臺業字第一一〇〇號
印刷所：淵明印刷有限公司
地址：永和市成功路一段43巷五號
電話：九二八七一四五
香港總經銷：藝文圖書公司
地址：九龍又一村達之路三十號地下後座
電話：三八〇五八〇七

定價　精裝新臺幣一八〇元
　　　平裝新臺幣一二〇元

中華民國七十九年八月初版
中華民國八十一年九月初版二刷

12701

ISBN 957-15-0116-6（精裝）
ISBN 957-15-0117-4（平裝）

中國哲學叢刊

①孔子未王而王論	羅夢冊 著
②管子析論	謝雲飛 著
③中國哲學論集	王邦雄 著
④王陽明傳習錄詳註集評	陳榮捷 著
⑤江門學記	陳郁夫 著
⑥王陽明與禪	陳榮捷 著
⑦孔孟荀哲學	蔡仁厚 著
⑧生命情調的抉擇	劉述先 著
⑨儒道天論發微	傅佩榮 著
⑩程明道思想研究	張德麟 著
⑪儒家倫理學析論	王開府 著
⑫呂氏春秋探微	田鳳台 著
⑬莊學蠡測	劉光義 著
⑭先秦道家與玄學佛學	方穎嫻 著
⑮韓非子難篇研究	張素貞 著
⑯商鞅及其學派	鄭良樹 著
⑰陽明學漢學研究論集	戴瑞坤 著
⑱墨學之省察	陳問梅 著
⑲中國哲學史大綱	蔡仁厚 著
⑳儒家政治思想與民主自由人權	徐復觀 著

㉑道墨新詮　光　晟著
㉒中國心性論　蒙培元著
㉓管子思想研究　徐漢昌著
㉔譚嗣同變法思想研究　王　樾著
㉕明清之際儒家思想的變遷與發展　林聰舜著
㉖張載哲學與關學學派　陳俊民著
㉗道教新論　龔鵬程著
㉘儒釋道與中國文豪　王　煜著
㉙帛書老子校注析　黃　釗著
㉚中國古代崇祖敬天思想　王祥齡著
㉛黃老學說與漢初政治平議　司修武著
㉜近思錄詳註集評　陳榮捷著